Immobilier,
comment la bulle va se dégonfler

Groupe Eyrolles
61, bd Saint-Germain
75240 Paris Cedex 05

www.editions-eyrolles.com

 Le Code de la propriété intellectuelle du 1er juillet 1992 interdit en effet expressément la photocopie à usage collectif sans autorisation des ayants droit. Or, cette pratique s'est généralisée notamment dans l'enseignement provoquant une baisse brutale des achats de livres, au point que la possibilité même pour les auteurs de créer des œuvres nouvelles et de les faire éditer correctement est aujourd'hui menacée.

En application de la loi du 11 mars 1957, il est interdit de reproduire intégralement ou partiellement le présent ouvrage, sur quelque support que ce soit, sans autorisation de l'éditeur ou du Centre français d'exploitation du droit de copie, 20, rue des Grands-Augustins, 75006 Paris.

© Groupe Eyrolles, 2014
ISBN : 978-2-212-55888-3

Jean-Luc Buchalet
Christophe Prat

Immobilier, comment la bulle va se dégonfler

Acheter ou louer ? Investir ?
Les repères pour éviter
de se faire piéger

EYROLLES

Nous voudrions tous deux remercier Marie Pic-Pâris Allavena ainsi que Florian Migairou, nos éditeurs chez Eyrolles. La pertinence de leurs conseils a contribué à faire progresser l'écriture de ce livre et a permis aux deux économistes que nous sommes de réaliser un ouvrage pour un public plus large que les cercles des initiés, objectif essentiel à l'origine de notre projet.

Nous voulons également exprimer notre reconnaissance à Bérengère de Rivoire qui nous a permis de rendre le manuscrit le plus accessible et le plus clair, grâce à son regard toujours clairvoyant.

Sommaire

Introduction 9
Ce que disent les chiffres
    Une envolée des prix depuis 1998 9
    Une augmentation décorrélée du coût de la vie 10
    Biens immobiliers et pouvoir d'achat : le hiatus 11

Partie 1
L'immobilier en crise ?

Chapitre 1

Comment s'est créée la bulle 21
Le mythe de la « valeur refuge »
    La financiarisation de l'économie 21
    Valeur refuge et incitations fiscales 28

Chapitre 2

Le jeu dangereux des responsables politiques 33
Des choix de court terme qui mettent en péril l'économie française
    L'irresponsabilité des autorités 33
    Une bulle immobilière est plus dangereuse
    qu'une bulle financière 33
    Le choix du court terme plutôt que du long terme 35
    Allemagne *versus* France 37
    Taux de propriété et taux de chômage 39
    Première cible : le pouvoir d'achat des ménages 40
    Une pression plus forte sur les finances publiques 42
    Les effets sur les prix des logements sociaux à Paris 44

CHAPITRE 3

La baisse des prix est inévitable 47
Une donnée souvent oubliée : le vieillissement de la population
   Lentement mais sûrement 47
   Le vieillissement ou la fin de l'âge d'or de l'immobilier 49
   Les acheteurs sous pression :
   une capacité d'achat au plus bas 55
   Les vents contraires se renforcent 60
   La fin du statut de valeur refuge avec l'arrêt
   du soutien de l'État 66
   La baisse a déjà commencé 68

CHAPITRE 4

Un impact social majeur 75
Les contours d'un processus de dislocation territorial et humain
   Des conséquences potentiellement irréversibles 75
   La France se ghettoïse 75
   Le comportement humain et son impact
   sur le logement 88
   Vers un conflit de générations ? 93
   La liquidation du patrimoine des seniors infléchira
   les prix de l'immobilier 96

Partie 2
Peut-on encore investir dans l'immobilier ?

CHAPITRE 5

Quelle sera l'ampleur de la baisse ? 101
Des repères pour éviter de se faire piéger
   Approche 1 : retour à la moyenne du ratio
   prix/revenu 102
   Approche 2 : retour à la moyenne des prix déflatés 103
   Approche 3 : retour à la prime de risque historique 103

Approche 4 : variation du prix nécessaire pour l'achat
d'une surface moyenne par un revenu médian 106
La France peut-elle rester une exception mondiale ? ... 107

CHAPITRE 6

Résidence principale : location ou achat ? 113
*Pourquoi il vaut mieux acheter au Mans ou à Limoges qu'à Paris,
Lyon ou Amiens*
    Acheter ou louer sa résidence principale :
    quel calcul ? 113
    Les résultats 117
    Quelle baisse des prix avant de rentabiliser l'achat ? 125

CHAPITRE 7

Investissement locatif : quelle rentabilité ? 129
*Pourquoi investir aujourd'hui dans la pierre,
c'est perdre à (presque) tous les coups*
    L'actif le plus rentable depuis 12 ans 129
    Une alternative : l'investissement au taux sans risque ... 130
    La « pierre papier » : une autre manière d'investir
    dans l'immobilier 136

CHAPITRE 8

Ces idées fausses que l'on entend partout… 141
… et qui peuvent coûter très cher

Conclusion 153
Choisir l'avenir

Annexe

**Différenciation des prix de l'immobilier selon les
départements : les facteurs les plus significatifs** 159
    Croissance du crédit 160
    Revenu disponible des ménages les plus riches 160

Pyramide des âges et évolution de la population 161
Logements vacants 162
Taux d'urbanisation et taux de propriété 162
Variation du taux de chômage 164
Élasticité des prix de l'immobilier à la construction
de logements 164
Conclusion sur l'étude de corrélations 165

Introduction

Ce que disent les chiffres

Avec 65 % de leur patrimoine investi dans l'immobilier, les Français sont de véritables amoureux de la pierre, bien plus que les Italiens (60 %), les Allemands (57 %), les Japonais (39 %) ou les Américains (27 %). Évoquer la menace d'une bulle dans ce secteur demeure pour eux, plus encore que pour leurs voisins, un sujet tabou. Pourtant, les chiffres parlent d'eux-mêmes : en cinquante ans, le prix de l'immobilier a été multiplié par 25, soit une hausse annuelle de + 7,3 % depuis 1965. La progression a surtout accéléré à partir de 1998, pour atteindre un rythme de croissance annuel de + 9,4 % jusqu'en 2008 ! La valeur des biens immobiliers sur l'ensemble du territoire a ainsi plus que doublé au cours des treize dernières années…

UNE ENVOLÉE DES PRIX DEPUIS 1998

À la différence de la précédente bulle immobilière des années 1980 qui s'était concentrée sur l'Île-de-France, la surchauffe, cette fois-ci, s'est diffusée à l'ensemble du territoire, même si elle n'a pas été complètement homogène : entre 1998 et fin 2011 (point haut absolu), les prix ont ainsi progressé de + 147 % en province, de + 185 % en Île-de-France et surtout de + 270 % à Paris. Le mouvement de baisse qui a suivi, entre 2011 et 2013, a été très limité, compris entre 1 % et 3 % selon les régions.

Pour certains, l'année 2008 aurait dû marquer le début du dégonflement de ce qui s'apparentait déjà à une bulle immobilière. C'était sans compter sur l'extrême sensibilité du marché aux taux hypothécaires. Les prix ont d'abord baissé de − 7,7 % à Paris et de − 9,6 % en province, suite à la récession la plus sévère depuis les années 1930 et à une remontée brutale des taux d'intérêt de 160 points de base (1,6 %) en moyenne entre 2006 et 2009. Par la suite, ils sont repartis fortement à la hausse dans la capitale (+ 38,5 % entre juin 2009 et décembre 2011), portés cette fois-ci par le mouvement inverse. La baisse des taux hypothécaires, due à la politique d'hyperliquidité des banques centrales pour sauver le système financier, a redonné du pouvoir d'achat à une partie de la demande. Le même phénomène a été constaté sur le reste du territoire, mais dans une moindre mesure (+ 8,9 % entre 2009 et 2011 en province).

Une augmentation décorrélée du coût de la vie

Depuis quinze ans, les prix de l'immobilier, déflatés du prix des biens et services (retraités de l'inflation), ont connu une augmentation spectaculaire. Restés quasiment stables entre 1965 et la fin des années 1990, ils ont progressé de + 110 % en termes réels entre 1998 et 2008. Au final, l'immobilier, même déflaté (c'est-à-dire corrigé de l'inflation), coûte aujourd'hui 2,5 fois plus cher qu'il y a cinquante ans. L'inflation des biens et services ne peut ainsi en aucun cas justifier à elle seule l'envolée spectaculaire des prix de l'immobilier, notamment les treize dernières années. La nette décorrélation entre ces deux paramètres ne laisse pas de place au doute : la France connaît la plus grande bulle immobilière de son histoire.

BIENS IMMOBILIERS ET POUVOIR D'ACHAT : LE HIATUS

Un décalage inédit entre les prix de l'immobilier et le revenu disponible des ménages

Entre les années 1960 et la fin des années 1990, les prix de l'immobilier et le revenu des ménages[1] ont évolué sensiblement de la même manière, le ratio prix/revenu restant dans un étroit tunnel de +/− 10 % autour de la moyenne. Les années 2000 ont marqué un tournant historique : ce ratio a littéralement explosé à la hausse, progressant de plus de 90 % entre 1998 et aujourd'hui. En conséquence, jamais le degré d'accessibilité à la propriété des ménages n'a été aussi faible, leur pouvoir d'achat ayant été mis sous pression par le prix toujours plus élevé des logements. Le taux de dépenses moyen en logement des ménages (loyer ou emprunt) n'a d'ailleurs fait qu'augmenter (+ 30 % en vingt ans) passant de 17,2 % à 22,2 % du revenu brut disponible, avec une nette accélération depuis 2000. Preuve de l'anormalité de cette divergence entre les prix et les revenus, les loyers ont, pour leur part, évolué en ligne avec les revenus tout au long des cinquante dernières années. Cette symétrie révèle par ailleurs une absence de tension sur l'offre de logements : si l'offre immobilière n'avait pas pu suivre la demande, les prix des loyers se seraient également envolés pour se dissocier tout aussi spectaculairement de l'augmentation des revenus. Rien de tel ne s'est produit, ce qui prouve que le manque de

---

1. Le revenu disponible brut est pris en compte lorsque nous parlons de revenus. Il est composé des éléments suivants :
   ensemble des revenus primaires : revenus d'activité (salaires et excédents bruts des entrepreneurs individuels) et revenus du patrimoine
   + ensemble des revenus de transfert (prestations sociales)
   − prélèvements obligatoires (impôts directs et prélèvements sociaux).

logements (du moins jusqu'en 2008) n'est pas en cause, même si l'argument a été régulièrement avancé pour expliquer l'envolée des prix de l'immobilier depuis 1998.

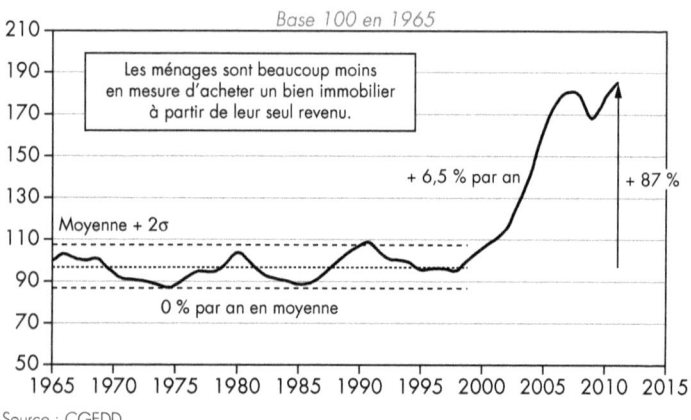

Figure 1 – Évolution du rapport entre l'indice des prix et le revenu disponible depuis 1965

Source : CGEDD.

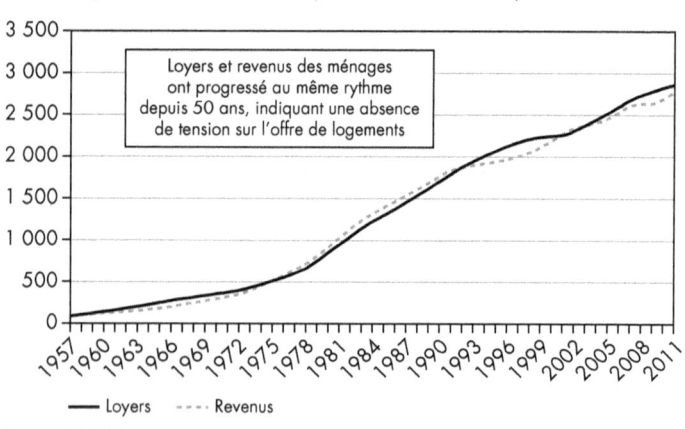

Figure 2 – Évolution des loyers et des revenus depuis 1957

Source : CGEDD.

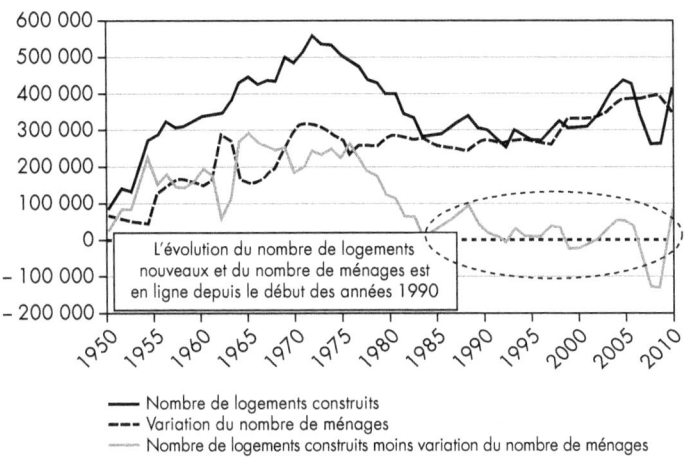

Figure 3 – Logements construits et évolution du nombre de ménages

Source : CGEDD.

Historiquement, une forte déconnexion entre prix de l'immobilier et revenu des ménages entraîne une correction majeure

Ce n'est pas la première fois dans l'histoire qu'une telle situation se présente. Au début des années 1930, paniqués par l'effondrement des actifs financiers après le krach de 1929, les investisseurs cherchèrent refuge dans la sécurité supposée du placement immobilier, ce qui fit fortement monter les prix durant les six années suivantes. Toutefois, la volonté politique de rendre plus accessibles les logements, devenus inabordables pour les ménages, s'était traduite à l'époque par une diminution de 10 % des loyers, imposée par le gouvernement Laval. Cette décision politique a servi d'élément déclencheur au retournement des prix, qui ont alors enregistré une baisse de plus de la moitié des 33 % de hausse cumulée au cours des années 1929-1935.

Figure 4 – Prix du logement rapporté au revenu des ménages depuis 1840 : la pierre était supposée être une valeur refuge en 1935

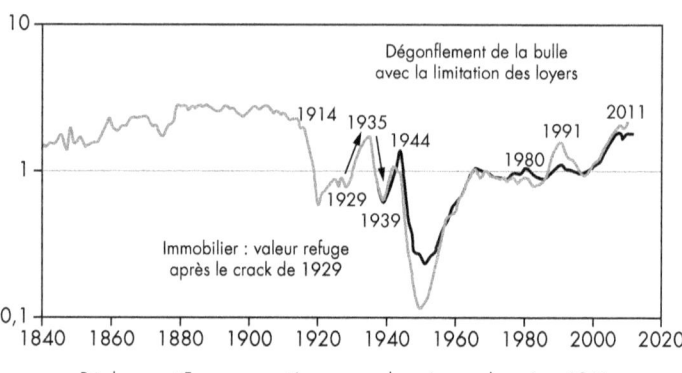

— Prix logement France rapporté au revenu des ménages, base 1 en 1965
— Prix logement Paris rapporté au revenu des ménages, base 1 en 1965

Source : CGEDD.

De nos jours, en réaction à l'explosion de la bulle Internet puis à la crise des subprimes, qui ont provoqué l'effondrement des marchés financiers depuis 2000, les épargnants se sont à nouveau rués sur les actifs immobiliers pour leur statut de valeur refuge, à l'image de 1929. Le gouvernement, quant à lui, est poussé à réagir par une population fragilisée financièrement par la hausse continue des prix du logement. Toutefois, les décisions qui seront prises (comme la contrainte sur les loyers), si elles étaient trop brutales, pourraient provoquer un séisme dans le secteur.

Paris, une bulle plus impressionnante encore

L'analyse de l'évolution de ce ratio prix/revenu montre clairement que la surchauffe de l'immobilier dans les années 1980 était uniquement parisienne (après une hausse de 180 % de 1983 à 1991, les prix avaient chuté de

– 31 %) et n'avait que peu touché le reste de la France. L'envolée des prix observée depuis 1998 est bien différente : généralisée à l'ensemble du territoire, elle est plus dangereuse encore, dans la mesure où la forte baisse qu'elle entraîne dans son sillage, déjà observée en Île-de-France dans les années 1990, risque de produire des effets autrement plus dommageables.

Chacun sait qu'un bien à Paris est beaucoup plus cher qu'en province : une surface moyenne dans la capitale (70 m^2) coûtait 583 000 euros en 2012 (contre 161 000 euros en 1998) alors qu'une surface moyenne en province (90 m^2) coûtait seulement 210 000 euros en 2012 (contre 90 000 euros en 1998). Et même si les revenus dans la capitale sont bien plus élevés qu'en province, cet écart ne justifie pas à lui seul l'extrême tension du marché immobilier parisien. Un bien à Paris est ainsi de moins en moins accessible : un 70 m^2 s'achète ainsi à hauteur de 12,7 fois le revenu moyen français (4,6 fois en 1998) alors qu'un 90 m^2 en province ne s'achète « que » 4,6 fois le revenu moyen (2,6 fois en 1998). En tenant compte des écarts de revenus entre Paris et la province, ces ratios deviennent respectivement 11,1 pour Paris et 4,8 pour la province.

Selon certains commentateurs, la hausse des prix parisiens serait due à l'attractivité de la capitale auprès des fortunes souvent originaires des pays émergents ou producteurs de pétrole. C'est en partie vrai, mais uniquement pour une certaine catégorie de biens. Les acquéreurs sont en effet tous de nationalité étrangère pour les biens estimés au-delà de 10 millions d'euros et majoritaires pour les biens compris en 5 et 10 millions d'euros. Cela a d'ailleurs favorisé l'accession de Paris en 2011 sur le podium des villes les plus chères au monde pour les biens haut de gamme, derrière Londres et Hong-Kong, mais désormais devant New York (alors que la capitale française était traditionnellement 50 % moins chère que son homologue américaine). Cependant, l'essentiel du marché de l'immobilier français et parisien est ailleurs. En effet, les ventes de biens à des acheteurs étrangers ne représentaient que 5,9 % des transactions en volume dans la capitale au premier trimestre 2011. Le segment où les investisseurs étrangers sont absents, celui des biens correspondant aux appartements familiaux de Français résidant à Paris, est quant à lui totalement grippé.

L'immobilier de logement n'est pas une « valeur refuge ». C'est un actif financier qui, comme les autres, est soumis aux lois du marché, avec ses hausses et ses baisses. La valorisation de l'immobilier constitue bien aujourd'hui une bulle, dans la mesure où rien ne la justifie : ni la tendance longue des prix, ni l'inflation, ni l'évolution des revenus. Avec la réforme de la taxation sur les plus-values et une solvabilité de plus en plus précaire des acheteurs, les pressions à la vente se multiplient. Dans ces conditions, rien ne s'oppose à un dégonflement des prix sur l'ensemble du territoire, sans doute plus important dans la capitale.

À travers cet ouvrage, nous avons d'abord cherché à analyser l'origine de cette gigantesque bulle en formation, avant de nous pencher sur les raisons qui ont poussé les autorités à favoriser les conditions de son avènement au mépris de tous les dangers encourus par le pays. Enfin, nous nous sommes intéressés à l'avenir des prix immobiliers selon les zones géographiques à moyen et long termes, afin de permettre à chacun de se préparer au mieux à l'inexorable baisse à venir. La première partie repose sur les fondements de cette bulle et les conséquences sociales de celle-ci. La deuxième partie est plus technique, elle donne de façon précise, en fonction des différents modèles d'évaluation utilisés, le prix d'équilibre anticipé à long terme.

PARTIE 1

L'IMMOBILIER EN CRISE ?

Chapitre 1

Comment s'est créée la bulle

Le mythe de la « valeur refuge »

Revenons sur notre premier constat : alors que l'indice des prix de l'immobilier a augmenté de + 158 % en moyenne en France entre 1998 et 2011 (point haut absolu des prix de l'immobilier dans l'hexagone), le revenu disponible par ménage n'a progressé que de + 31 % dans le même temps, créant une décorrélation historique entre prix et revenus. Or, pour que les prix montent, il faut que les acheteurs disposent de plus de moyens. Un facteur extérieur est donc entré en ligne de compte : l'endettement des ménages, favorisé par des conditions de financement idéales.

LA FINANCIARISATION DE L'ÉCONOMIE

Le revenu des ménages n'ayant pas sensiblement augmenté depuis 1998, le financement de leurs acquisitions a reposé de plus en plus sur la dette. Si la baisse des taux d'intérêt a joué un rôle majeur dans l'augmentation de la capacité d'achat des ménages, les banques quant à elles ont fait preuve d'un volontarisme inédit : elles ont répondu au désir grandissant de la population d'acheter un bien immobilier en augmentant la durée des prêts, d'une part, et en diminuant la proportion des apports nécessaires à l'acquisition des biens, d'autre part.

Grâce à cet assouplissement des conditions de financement, la distribution de crédits immobiliers n'a cessé de s'amplifier depuis 1995. Le montant total des prêts a progressé au rythme annuel moyen de + 8,5 % jusqu'en 2008, avec un pic à plus de + 12 % atteint entre 2004 et 2008. Au total, près de 600 milliards d'euros de prêts (30 % du PIB de 2012) sont venus alimenter le marché immobilier français et ont grandement participé à la formation de la bulle sur cette catégorie d'actifs.

Rapportée au revenu, la dette immobilière des ménages a décollé à partir de 2000 : le montant des crédits à l'habitation est ainsi passé de moins de 33 % du revenu disponible des ménages à près de 65 % fin 2012... De leur côté, les banques ont été d'autant plus enclines à favoriser l'emprunt que les prix de l'immobilier progressaient à un rythme inédit... Dès lors, le système s'est renforcé : à mesure que le crédit est devenu de moins en moins cher et de plus en plus abondant, l'actif convoité a pris de plus en plus de valeur. Jusqu'à ce que la musique s'arrête...

L'effondrement des taux d'intérêt

Sans surprise, la baisse massive des taux d'intérêt amorcée au début des années 1980 a été le principal facteur d'assouplissement des conditions de financement. Profitant d'un tassement progressif de l'inflation, les taux longs des emprunts d'État français ont connu une baisse quasi continue depuis trois décennies : de plus de 17 % en 1982, ils sont passés en dessous des 2 % fin 2012 et se situent aujourd'hui autour de 2,3 %, du fait de la politique de taux zéro des banques centrales pour reflater l'économie. L'excès de liquidité ainsi produit s'est alors placé sur les marchés obligataires, entraînant une baisse historique des taux d'intérêt sur toutes les échéances.

Cette baisse des taux obligataires a été répercutée par les banques de détail sur les taux des prêts immobiliers, entraînant une chute de − 6 % depuis le milieu des années 1990 (de 9 % à un peu plus de 3 % aujourd'hui). Un emprunteur peut désormais obtenir un crédit sur vingt ans entre 3,2 % et 3,5 % (taux fixe), le taux moyen se situant au plus bas à 2,92 % en juillet 2013 : du jamais vu. Les banques ne se sont d'ailleurs pas contentées de répercuter la baisse généralisée des taux sans risque, puisqu'elles l'ont même accentuée à la fin des années 1990 en acceptant une marge plus faible sur leur taux de prêt qu'au cours des décennies précédentes. Cette prise de risque supplémentaire de la part des établissements prêteurs a atteint son paroxysme en 2011 (point haut des prix), obligeant même le président de la Banque de France, Christian Noyer, à réclamer une hausse des marges sur les prêts hypothécaires, ces derniers étant toujours considérés comme un produit d'appel par les banques.

De combien la capacité d'emprunt a-t-elle augmenté grâce à la baisse des taux ?

Faisant l'hypothèse de l'achat d'un bien immobilier financé à 100 % par de la dette, la baisse des taux d'intérêt de 7 % à 3 % a autorisé une augmentation conséquente de la capacité d'emprunt de l'acheteur : + 20 % pour un prêt d'une durée de 10 ans et + 50 % pour un prêt d'une durée de 25 ans, ce qui est considérable. Au final, chaque baisse d'un point de pourcentage des taux d'emprunt entraîne une hausse de 4,7 % à 10,5 % du montant empruntable.

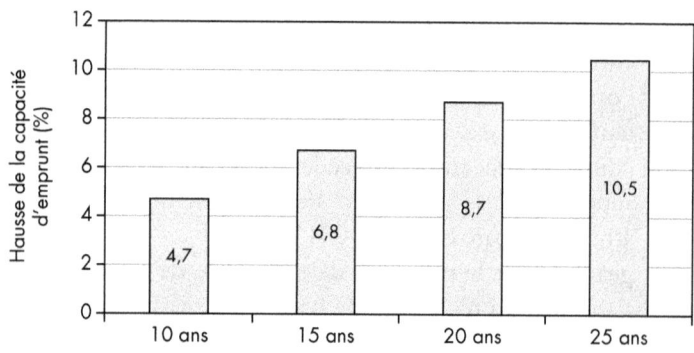

Figure 5 – Impact d'une baisse des taux de 1 % sur la capacité d'emprunt, en fonction de la durée du prêt

À cette baisse des taux proposés par les banques, il faut également ajouter un autre facteur de recul des taux des prêts immobiliers : la défiscalisation des charges financières de la résidence principale sous le quinquennat de Nicolas Sarkozy entre 2007 et 2012, qui a engendré une baisse implicite supplémentaire de 0,6 % des taux d'emprunt. Cette mesure a été retirée depuis.

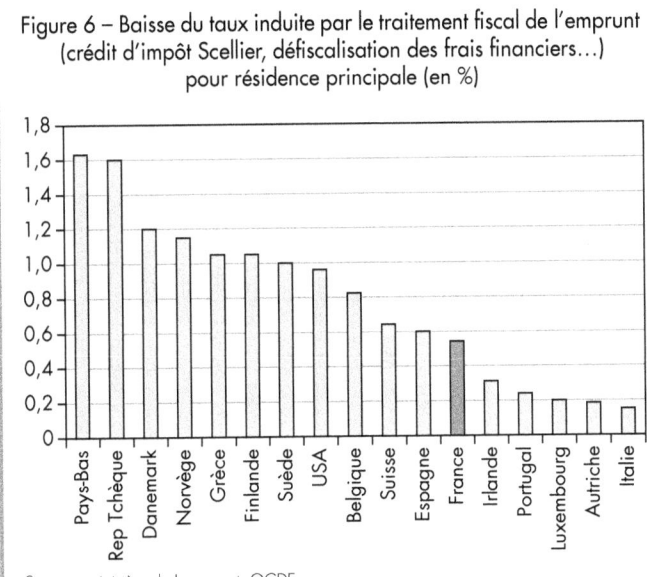

Figure 6 – Baisse du taux induite par le traitement fiscal de l'emprunt (crédit d'impôt Scellier, défiscalisation des frais financiers…) pour résidence principale (en %)

Source : ministère du Logement, OCDE.

L'allongement de la durée des prêts et l'assouplissement des banques

Au-delà de la baisse du coût de l'argent, les banques ont joué un rôle prépondérant dans l'explosion de la distribution de crédits, en acceptant une prise de risque plus forte que par le passé sur les prêts immobiliers. Le premier levier de cet assouplissement des établissements financiers a été l'allongement de la durée des prêts. Ce phénomène est apparu en France à la fin des années 1990, la durée moyenne passant de 13,6 ans à 20,5 ans depuis 1998 (soit une hausse de + 51 %), ce qui a considérablement augmenté la capacité d'emprunt et donc d'achat des ménages.

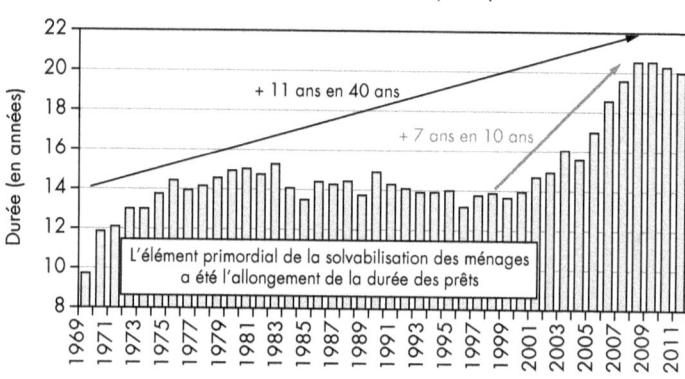

Figure 7 – Durée moyenne des prêts pour l'achat d'une résidence principale

Source : CGEDD.

Les emprunts contractés sur une durée comprise entre 15 et 20 ans représentaient 45 % des emprunts en 2001, et ceux de 20 à 25 ans uniquement 15 %. Dix ans plus tard, les emprunts de plus de 25 ans étaient devenus majoritaires et représentaient 57 % des emprunts, dont 27 % de durées comprises entre 25 et 30 ans. Il est difficile de savoir si c'est la hausse des prix qui a entraîné un allongement de la durée d'emprunt ou si c'est l'inverse. Mais une chose est sûre : si les banques n'avaient pas accepté cette prise de risque supplémentaire, le prix de l'immobilier n'aurait pas pu poursuivre sa hausse.

Autre facteur déterminant, les banques sont devenues de moins en moins exigeantes en ce qui concerne la part de l'apport personnel en proportion du prix d'acquisition du logement. En conséquence, le poids de la dette est passé de 46 % en 1995 à près de 60 % aujourd'hui pour l'ensemble des biens neufs et anciens. Pour le neuf, cette proportion est passée de 50 % à 70 % du prix du bien acheté en 2009 et même 85 % en 2010.

Une capacité d'emprunt dopée

Il est incontestable que l'assouplissement des conditions de financement, *via* le taux d'intérêt et la durée des prêts, a favorisé une augmentation sensible de la capacité d'emprunt des ménages. On observe en effet que près des trois quarts de la hausse de l'indice des prix de l'immobilier enregistrée depuis 1998 (+ 158 %) s'explique par l'augmentation de la capacité d'endettement des ménages sur la période (+ 113 %). La baisse des taux et l'augmentation de la durée des prêts (respectivement − 3 % et + 7 ans) ont entraîné une hausse de la capacité d'emprunt de 87 % depuis 1998 à revenu variable (+ 61 % à revenu constant) tandis que l'augmentation du revenu disponible des ménages sur la période est intervenue à hauteur de + 31 %. Rien n'aurait donc été possible sans les banques. Mais comment expliquer le quart restant de la hausse ?

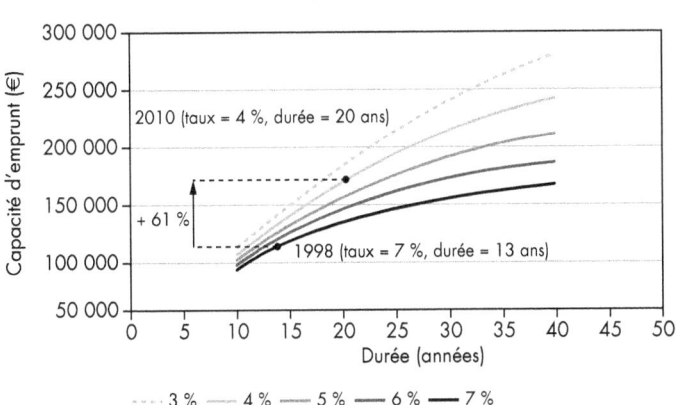

Figure 8 – Impact de l'augmentation de la durée des prêts et de la baisse des taux sur la capacité d'emprunt à revenu constant (mensualité de 1 000 €)

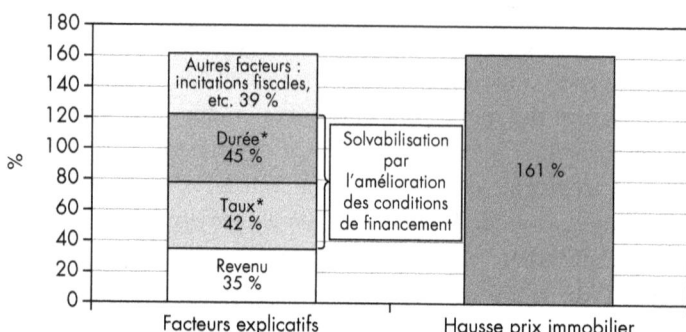

Figure 9 – Décomposition de la hausse de l'indice des prix immobiliers de 1998 à 2011

* Impacts calculés en tenant compte de l'effet hausse du revenu sur les mensualités

Valeur refuge et incitations fiscales

L'immobilier, valeur refuge

On l'aura compris, la hausse des prix de l'immobilier s'explique en grande partie par la solvabilisation des ménages par les banques au cours des quinze dernières années. Mais, comme de coutume pour tous les actifs, la hausse a fini par s'auto-alimenter. Au-delà de l'impact purement financier, un autre phénomène a été à l'œuvre, largement étudié en finance comportementale, à savoir la tendance des acteurs du marché à extrapoler le passé récent : si les prix ont monté au cours des derniers mois, voire des dernières années, ils tendent à anticiper la poursuite du mouvement. Dans ces conditions, les acheteurs sont prêts à accélérer leur achat (et à payer plus cher pour cela) et les vendeurs à attendre, espérant de plus gros bénéfices. Outre le comportement mimétique des investisseurs (professionnels et particuliers), le statut de valeur refuge de l'immobilier a aussi conforté le mouvement haussier devenu clairement spéculatif (c'est-à-dire sans rapport avec les fondamentaux du marché). L'arbitrage par les ménages de l'affectation de leur revenu et de leur épargne entre les différents actifs – habitation (résidence principale voire secondaire), actions, obligations – a été nettement favorable à l'immobilier, notamment depuis l'année 2000.

En effet, le double effondrement des marchés actions en 2000 puis en 2008 a contribué à renforcer son statut de valeur refuge. Le vieillissement de la population a d'ailleurs accentué ce phénomène : depuis dix ans, la cohorte des 55-65 ans, à l'épargne conséquente, mais de plus en plus hostile aux actifs risqués (les actions), s'est considérablement élargie. Ce type d'arbitrage réalisé par les ménages dans leurs investissements a ainsi entretenu la baisse des taux et, de ce fait, la hausse des prix de l'immobilier. Quand, entre 1998 et 2011, le CAC 40 baissait annuellement de – 1,7 % en moyenne en dépit d'un risque élevé, le marché immobilier affichait une insolente performance de + 7,7 % par an, les obligations enregistrant pour leur part un rendement moyen annuel de + 5,8 %. Le phénomène s'est même amplifié en fin de période sous la pression des épargnants, inquiets d'un possible éclatement de la zone euro et voulant sécuriser leur avenir à tout prix par l'acquisition d'un bien.

Les incitations fiscales (Robien, Sarkozy, Sellier…)

Un autre paramètre a contribué à exacerber le mouvement de hausse des prix de l'immobilier sans justification légitime : le soutien inconditionnel de l'État au secteur durant quinze ans, à travers la mise en place successive de cinq lois de défiscalisation (Besson en 1999, Robien en 2003 et 2006, défiscalisation Sarkozy en 2007 dans le cadre de la loi TEPA et enfin Sellier en 2009). À ces dernières se sont ajoutés les programmes gouvernementaux d'accession à la propriété (prêt à taux zéro, TVA à 5,5 %, quotas de 20 % de HLM avec la loi SRU…), ainsi que des discours politiques mettant systématiquement en avant la volonté de soutenir la demande (défiscalisation des intérêts d'emprunt pour la résidence principale, défiscalisation de l'impôt sur les plus-values). Si les sommes en jeu ne suffisent pas à expliquer la hausse des prix (les avantages fiscaux aux promoteurs immobiliers s'élevant à 12,5 milliards d'euros au total en 2011) par rapport au montant des transactions (288 milliards d'euros en 2011), elles ont surtout conforté le statut protecteur des biens immobiliers et renforcé l'appétit des particuliers et des investisseurs. Ce soutien inconditionnel a en quelque sorte renforcé l'aléa de moralité[1] chez les investisseurs, encourageant les raisonnements malheureusement simplistes du type : « Si l'État est derrière moi, rien ne peut m'arriver ». Ce qui n'est malheureusement pas toujours vrai…

En réalité, la hausse entretient la hausse : les banques prêtent d'autant plus facilement que l'État soutient le secteur de manière de plus en plus affirmée, ce qui rassure d'autant plus les investisseurs. En ce sens, on peut considérer que les prix de l'immobilier suivent un mouvement cyclique, et font preuve d'une grande inertie en comparaison des autres grandes classes d'actifs (actions, obligations, matières premières, etc.). Une partie de la hausse trouve également son origine dans le fait que la revente

---

1. L'aléa de moralité repose sur l'idée qu'un agent se comporte différemment s'il est exposé lui-même ou non au risque pris. Principe décrit par Paul Krugmann dans son livre *Pourquoi les crises reviennent toujours ?* Points, 2012.

pèse lourd dans le financement de l'achat d'un nouveau logement (environ 20 %). Les ménages cédant leur bien précédent à un prix plus élevé sont en mesure d'acheter plus cher leur nouveau logement, et inversement en cas de baisse des prix.

Coût budgétaire en année pleine des dispositifs fiscaux immobiliers
(en million d'euros)

Dispositif	Validité	Champ d'application	2011	2012	2013
Périssol	1996-1999	Logements neufs ou anciens	60	60	60
Robien classique	2003-2006	Logements neufs ou anciens réhabilités	455	455	455
Borloo « neuf » populaire	2006-2009	Logements neufs ou anciens réhabilités	60	60	60
TEPA	2007-2012	Acquisition ou construction de l'habitation principale	1 863	2 100	1 465
Scellier	2008-2012	Logements neufs ou anciens réhabilités	240	450	620
Scellier intermédiaire	2008-2012	Logements neufs ou anciens réhabilités	120	225	310
PTZ et PTZ+	2005-...	Première acquisition de la résidence principale	1 100	1 340	1 370
			3 898	4 690	4 340

Source : *Les notes du conseil d'analyse économique*, n° 2, février 2013, « Comment modérer les prix de l'immobilier ? »

Chapitre 2

Le jeu dangereux des responsables politiques

Des choix de court terme qui mettent en péril l'économie française

L'IRRESPONSABILITÉ DES AUTORITÉS

Comme nous l'avons déjà évoqué, le soutien de l'État au secteur immobilier a joué un rôle important dans le gonflement de la bulle immobilière que connaît actuellement la France. Une nouvelle fois, les décideurs politiques, quel que soit le parti au pouvoir, ont trouvé judicieux de soutenir le secteur de la construction et plus généralement de laisser les prix de l'immobilier s'envoler. Choix invraisemblable lorsque l'on connaît les risques encourus à long terme sur la croissance, l'emploi, le pouvoir d'achat ou encore les finances publiques.

UNE BULLE IMMOBILIÈRE EST PLUS DANGEREUSE QU'UNE BULLE FINANCIÈRE

Les précédents sont pourtant nombreux dans l'histoire et devraient nous inciter à la prudence : les dégâts produits sur une économie par une surchauffe immobilière peuvent être considérables. Plus durables que ceux dus à l'éclatement d'une bulle boursière (durée médiane de quatre ans)[1], ils sont surtout presque deux fois plus intenses (la croissance du PIB diminue de 1,4 % dans le cas d'une crise boursière contre 2,6 % pour une bulle immobilière). La raison est simple : une bulle immobilière touche une majorité de la population, tandis que l'évolution des marchés actions n'en concerne qu'une infime partie, qui, la plupart du temps, a les moyens de se défendre.

Lorsqu'on analyse les effets d'une crise immobilière sur les différentes composantes[2] de la croissance du PIB (voir tableau ci-après), on comprend rapidement pourquoi les économies industrialisées ont besoin de beaucoup plus de temps pour les digérer. Le poste le plus touché est sans conteste la consommation des ménages : de 61,5 % de la croissance du PIB, sa contribution s'effondre à 36,5 % après l'éclatement d'une bulle immobilière ! Les conséquences sur l'investissement des entreprises sont également bien plus prononcées en cas de choc immobilier que lors d'un krach boursier.

---

1. *When Bubles Burst*, FMI, avril 2003.
2. La croissance du produit intérieur brut (sous l'angle des dépenses) est constituée des cinq composantes suivantes : consommation privée, investissement (formation brute de capital), variation de stocks, dépenses publiques et exportations nettes. Les dépenses d'investissement se décomposent en investissements en machines et équipements et en investissements dans la construction.

Effets d'une crise immobilière sur les différentes composantes de la croissance du PIB

Contribution moyenne à la croissance	Krach sur les marchés actions				Krach immobilier			
	Avant		Après		Avant		Après	
	En %	En points	En %	En points	En %	En points	En %	En points
Consommation	57,4	2,3	55,1	1,4	61,5	2,1	36,5	0,3
Investissements en machines et équipements	18,5	0,7	3,6	0,1	19,8	0,7	−19,1	−0,2
Investissements en construction	7,7	0,3	−1,4	0,0	10,4	0,4	−32,7	−0,3
Autres[a]	16,4	0,7	42,7	1,1	8,3	0,3	115,3	0,9
Croissance annuelle moyenne		4,0		2,6		3,4		0,8

a. *Dépenses publiques, exportations nettes et variations de stocks.*

LE CHOIX DU COURT TERME PLUTÔT QUE DU LONG TERME

Depuis trente ans, l'État français a fait le choix de la facilité : incapable de trouver une solution aux pertes d'emplois générées par la désindustrialisation et les délocalisations (− 760 000 emplois dans l'industrie depuis 1999), la construction a servi de cache-misère, le nombre de travailleurs dans ce secteur ayant crû constamment jusqu'à atteindre 7 % de l'emploi total en 2009, contre seulement 5,6 % en 1999. Aujourd'hui, cette fuite en avant ne suffit plus à masquer notre incapacité à créer des emplois productifs, comme le montre l'explosion du taux de chômage depuis quatre ans.

À long terme, en plus d'être inefficace, cette politique qui consiste à tout miser sur le secteur de la construction s'avère dangereuse : d'une part, l'investissement résidentiel se fait souvent au détriment de l'investissement productif, seul capable d'augmenter la productivité à long terme, donc les espoirs de croissance future[1] ; d'autre part, la faible qualification des emplois créés a pour conséquence de tirer vers le bas le niveau moyen des salaires dans le pays, qui sont plus faibles dans la construction (et dans les services) que dans l'industrie. Pourtant, la consommation des ménages a tendance à bien se comporter lorsque les prix de l'immobilier s'envolent. Comment l'expliquer ? Par le fait que les propriétaires ont souvent pour réflexe d'ajuster leurs dépenses à leur niveau de richesse, lui-même étroitement lié à la valeur de leur bien. Lorsque les prix montent, leur perception de l'avenir n'en est que plus rose et leur soif de consommation explose. Et le phénomène est encore plus significatif pour les propriétaires les plus anciens qui ont pleinement bénéficié de la hausse des prix ces dernières années. Ils ajustent leur niveau de vie sur la valeur de leur bien et leurs dépenses de consommation progressent plus vite que la moyenne nationale[2]. Le statut de propriétaire est devenu en vingt ans un marqueur social aussi important que le revenu. Mais le renversement de tendance a des conséquences douloureuses : s'il est facile d'augmenter ses dépenses lorsque sa richesse « virtuelle » augmente, il est beaucoup plus difficile de les réduire lorsque les prix baissent.

L'Espagne nous a d'ailleurs montré récemment à quel point un tel dévoiement est préjudiciable pour l'ensemble de la

---

1. La croissance potentielle se définit comme la croissance que peut atteindre une zone économique à long terme sans dérive inflationniste. Elle équivaut à la croissance de la productivité à laquelle on ajoute l'accroissement de la population en âge de travailler.
2. Catherine Rollot, « La hausse des prix de l'immobilier et des dépenses de logements ont entraîné une paupérisation d'une partie de la population française », *Le Monde*, 6 avril 2012, p. 14.

société. Dans ce pays, les excès ont atteint des niveaux impensables : la construction a représenté jusqu'à 13 % du PIB en 2007, un record historique (contre 5,5 % du PIB au sommet de la surchauffe immobilière aux États-Unis), résultant d'un boom immobilier considérable. Au plus haut du cycle, le pays construisait autant que l'Allemagne, l'Italie et la France réunies... Comme on pouvait s'y attendre, cette « orgie » immobilière n'a pas entraîné un accroissement de la productivité : celle-ci a progressé d'à peine + 0,1 % en rythme annuel de 1999 à 2007, contre + 1,2 % en Allemagne, + 0,9 % en France et + 1,6 % aux États-Unis. Le miracle s'est alors transformé en mirage de l'autre côté des Pyrénées : la croissance présente jusqu'en 2008, alimentée par le gonflement du crédit aux ménages, a révélé son caractère artificiel avant de disparaître entièrement. Le marasme économique s'est installé pour de longues années.

ALLEMAGNE *VERSUS* FRANCE

L'Allemagne, qui n'a pas connu de bulle immobilière ces dernières années, se trouve dans une situation beaucoup plus favorable que la France. Un des éléments clés de sa compétitivité et de sa réussite économique est que l'on peut s'y loger facilement à des prix raisonnables. Et son taux de propriétaires à 53 % est parmi les plus bas d'Europe (en forte augmentation ces dernières années).

Les prix de l'immobilier en Allemagne sont en moyenne inférieurs aujourd'hui à ceux pratiqués dans le reste de l'Europe et notamment en France[1]. Dans l'ancien, le

---

1. Andrzrej Kawalec, « En Allemagne, des prix déprimés pendant quinze ans », *Le Monde Eco&Entreprise*, 23 avril 2013, p. 5.

mètre carré coûte moitié moins en Allemagne que la moyenne européenne (entre 850 euros et 1 100 euros).

La structure du pays en État fédéral, où les capitales régionales sont particulièrement développées, explique en partie cette divergence. Par ailleurs, la répartition homogène de la population sur l'ensemble du territoire a limité la hausse des prix de l'immobilier. Enfin, la démographie déclinante du pays a joué favorablement en limitant la pression sur les prix du foncier.

Le fait de disposer de loyers et de prix immobiliers attractifs constitue un avantage compétitif indéniable pour le pays. En effet, louer 1 m^2 revient à 5 euros en moyenne outre-Rhin, contre 10 euros en France (et jusqu'à 30 euros à Paris). L'écart est tout aussi important pour les bureaux. Or, il s'agit là d'un critère que les entreprises observent minutieusement lorsqu'elles choisissent un pays pour s'y implanter. À Paris, dans le centre des affaires, il faut compter entre 500 et 600 euros le mètre carré par an. Le tarif tombe à 250/300 euros dans le département de la Seine-Saint-Denis et à 200/250 euros à Lyon, Marseille ou Bordeaux ; cette dernière fourchette de prix correspondant à un immeuble très bien situé dans une grande ville allemande.

Les dépenses incompressibles dans l'immobilier finissent par ponctionner le pouvoir d'achat des ménages qui pourraient consacrer leur argent à d'autres dépenses plus favorables à la croissance et surtout plus productives. Dans le commerce de proximité, en France, la rentabilité nette moyenne des entreprises a été divisée par trois au moins en dix ans, pour ne représenter désormais que 0,9 %, parfois 0,3 % du chiffre d'affaires selon le secteur d'activité. On assiste ainsi à une discrète érosion des marges, et surtout à un immense turnover des boutiques et des restaurants qui peinent à joindre les deux bouts. Le loyer devient la hantise du petit commerce et des restaurateurs, en particulier dans les centres-villes des grandes agglomérations, comme à Paris où la flambée de l'immobilier a fait s'effondrer leur rentabilité déjà très faible.

TAUX DE PROPRIÉTÉ ET TAUX DE CHÔMAGE

C'est aujourd'hui un fait avéré : une nation qui privilégie une population de locataires plutôt que de propriétaires parvient souvent à maintenir un taux de chômage plus faible[1]. La Suisse (avec seulement 32 % de propriétaires) et l'Allemagne (53 %) affichent respectivement des taux de chômage de 3 % et 6 %. À l'inverse, l'Espagne, avec 80 % de propriétaires, compte plus de 26 % de chômeurs. Depuis le début de la crise financière, le chômage a davantage augmenté dans les pays où les propriétaires sont plus nombreux.

Tout en se gardant de généralisations hâtives, l'étude[2] d'Andrew Oswald et David Blanchflower sur le marché immobilier américain de 1950 à 2010 démontre que le taux de propriété « constitue un indicateur très prédictif du taux de chômage ». Un doublement du taux de propriété pourrait même provoquer une multiplication par plus de deux du taux de chômage. En Finlande, l'économiste Jani-Petri Laamanem[3] va plus loin et affirme pour

---

1. Jean-Marc Vittori, « Les vertus antichômage d'une société de locataires », *Les Échos*, 25 juin 2013, p. 10.
2. Andrew Oswald et David Blanchflower, « Does High Home-Ownership Impair the Labor Market ? », University of Warwick, 2013.
3. Jean-Marc Vittori, *op. cit.*

sa part qu'une politique favorable à la location est une arme contre le chômage.

De manière plus générale, une zone économique est considérée comme optimale lorsque la mobilité des facteurs de production (le capital et le travail) à l'intérieur de la zone est élevée. Lorsqu'un choc économique affecte une région, il est essentiel que la mobilité du travail soit forte pour que les travailleurs puissent se déplacer vers les régions les plus dynamiques, permettant un rééquilibrage et une baisse du taux de chômage. Lorsque le taux de propriété est élevé et que le marché de l'immobilier se retourne, les travailleurs ne peuvent plus revendre leur bien pour aller trouver un emploi dans une autre région. Les exemples ne manquent pas : à la suite de la crise immobilière des subprimes aux États-Unis, la croissance potentielle du pays a ainsi diminué significativement avec une augmentation très sensible du taux de chômage structurel et une progression tout aussi forte du chômage de longue durée. Avec un taux de propriété très élevé, atteignant 69 % au plus haut de sa bulle (65 % aujourd'hui), les travailleurs ont été dans l'incapacité de vendre leur bien immobilier dans les zones les plus sinistrées. C'est ainsi que la première économie mondiale est entrée dans la plus longue récession qu'elle ait connue depuis les années 1930.

Première cible : le pouvoir d'achat des ménages

La hausse des dépenses de logement et des prix de l'immobilier a mené à l'appauvrissement relatif d'un nombre toujours plus grand de ménages en France, déjà fragilisés par les difficultés du pays à créer suffisamment d'emplois. Selon l'INSEE, en incluant les loyers, les charges, les taxes, le remboursement d'emprunts, un ménage français sur deux consacre désormais plus d'un quart de ses revenus à son logement (plus de 30 % pour le quartile des plus défavorisés, propriétaires ou locataires). Le statut du propriétaire devient d'ailleurs un marqueur social de plus en plus pertinent : quand les propriétaires sans emprunt affichent des revenus supérieurs de 7 % à la moyenne nationale, les locataires déclarent des revenus inférieurs de 11 % à cette même moyenne. Et cela ne cesse de s'aggraver : en 2011, les accédants à la propriété affichaient des revenus supérieurs de 25 % à la moyenne nationale[1]. De plus, la hausse du prix des carburants affecte les ménages les moins favorisés qui sont obligés d'aller de plus en plus loin de leur lieu de travail pour se loger. Une augmentation de la part des transports dans leur budget, en plus de celle liée au logement, ne leur laisse plus grand-chose pour les autres dépenses.

L'impact de la flambée immobilière sur les conditions de vie de la population est considérable. Un budget de plus en plus important consacré au logement (22 % du revenu en France, soit 50 % de plus qu'en Allemagne) affecte non seulement les dépenses jugées accessoires (loisirs, culture, habillement...) mais aussi, ce qui est plus grave, des postes essentiels comme l'alimentation ou les dépenses de santé. À terme, le poids budgétaire du logement peut ainsi entraîner des conséquences sanitaires dramatiques pour les populations les plus fragiles.

Autre conséquence, moins visible mais tout aussi préjudiciable : l'isolement. Selon le Crédoc[2], le sentiment de

---

1. Catherine Rollot, *op. cit.*
2. Christophe Guilluy, *Fractures françaises*, François Bourin Éditeur, 2010, p. 16.

solitude, qui touche déjà 42 % des individus ayant des charges de logement raisonnables, s'élève à 57 % chez les personnes qui consentent un taux d'effort important. Autrement dit, plus le sacrifice consenti pour se loger est important, plus le sentiment de solitude s'aggrave.

L'effet boomerang : l'impact négatif de la flambée immobilière sur la consommation des ménages

Il est un phénomène dont beaucoup n'ont pas conscience : le décalage dans le temps des effets négatifs de la hausse des prix de l'immobilier sur la consommation des ménages. En effet, l'allongement de la durée des prêts de 15 à 25 ans apporte un gain immédiat de capacité d'emprunt de 30 % environ pour une mensualité équivalente (hausse entre un taux à 3 % sur 15 ans et 4 % sur 25 ans). De nombreux ménages se sentent ainsi plus riches qu'auparavant. Malheureusement, cela n'est qu'illusion : l'allongement de l'emprunt ne crée pas de liquidités, il la déplace dans le temps. S'il a emprunté sur 15 ans, un ménage n'a plus rien à rembourser à échéance alors qu'il doit rembourser encore 52 % de capital s'il a emprunté sur 25 ans. Ce capital est la contrepartie des 30 % rendus disponibles en début de prêt. Les fonds disponibles seront réduits d'autant au bout de 15 ans. Cette ponction sur la trésorerie des ménages pour payer les mensualités supplémentaires est un phénomène différé qui n'apparaîtra que 15 ans après le début de l'allongement des prêts consentis vers 1999. Deux conséquences notables vont donc se faire sentir à partir de 2015 avec une montée en puissance jusqu'en 2030 : d'une part, les secundo-accédants seront de moins en moins nombreux à renouveler leur bien (or ils représentent aujourd'hui deux acheteurs sur trois dans le marché de l'ancien), d'autre part, la contribution de la consommation des propriétaires à la croissance du pays sera plus faible.

UNE PRESSION PLUS FORTE SUR LES FINANCES PUBLIQUES

Pour bien comprendre les risques associés à une surchauffe des prix de l'immobilier, il suffit de se pencher une nouvelle fois sur le cas extrême de l'Espagne. Longtemps flattées par la spéculation immobilière, les rentrées fiscales de l'État espagnol se sont affaissées après l'éclatement de la bulle. L'erreur du gouvernement de l'époque a été d'avoir fait reposer une partie des dépenses publiques structurelles (la santé, par exemple) sur des recettes fiscales tirées d'une source aussi fragile et volatile que les transactions sur les ventes de logements. Sans ces revenus (qui ne reviendront certainement jamais), les régions en sont aujourd'hui réduites à couper drastiquement dans les dépenses d'éducation, de recherche et développement, de formation et de santé, pour réduire leur déficit. Malheureusement, un tel phénomène entraîne le pays sur une pente dangereuse : la baisse de ces dépenses affectera durablement la croissance de la productivité espagnole, plongeant le pays dans une impasse.

Dans une moindre mesure, la France est frappée par le même symptôme : la bonne santé du marché de l'immobilier et de la construction a longtemps offert des recettes fiscales conséquentes (taxes sur les transactions, impôts sur les plus-values, taxe d'habitation, TVA, etc.), ce qui a très probablement joué sur le choix des gouvernements successifs de soutenir le secteur de la construction. Dans ces conditions, on comprend mieux la réticence des dirigeants actuels à orchestrer un recul des prix qui serait pourtant salutaire pour les ménages, les entreprises et la société en général : l'État étant dopé depuis de nombreuses années aux recettes publiques tirées de l'immobilier, une chute des prix ne ferait qu'aggraver sa problématique de déficit excessif et de surendettement. Mais cela ne durera pas éternellement…

Ces constats valident une nouvelle fois l'erreur majeure de politique économique consistant à faire de l'augmentation du taux de propriété un objectif prioritaire et à faire reposer les dépenses structurelles sur des recettes aussi cycliques que celles tirées du secteur immobilier.

LES EFFETS SUR LES PRIX DES LOGEMENTS SOCIAUX À PARIS

L'obligation d'un minimum de 25 % de logements sociaux dans les communes de plus de 3 500 habitants d'ici 2025 (contre 20 % auparavant) peut contribuer à accroître le prix de l'immobilier dans les zones tendues[1]. Le Code de l'urbanisme permet aux communes de réserver des terrains pour réaliser ces logements. À Paris, le seuil des 20 % devrait être atteint dès 2014. Anne Hidalgo, la candidate pour les élections à la mairie de Paris en 2014, a décidé de prolonger la courbe jusqu'à 30 % à l'horizon de 2030. En augmentant les charges foncières sur les terrains cédés aux logements privés, la mairie de Paris compense les revenus plus faibles des logements sociaux. De plus, la préemption par la mairie de Paris de terrains pour la construction de logements sociaux accentue la raréfaction de ceux-ci et contribue à faire monter leur prix. Construire des logements sociaux à 10 ou 12 euros le mètre carré là où le marché libre est à 25 ou 30 euros[2] est de plus en plus difficile. Or, si l'on veut conserver les classes moyennes dans la capitale, il faut construire des logements intermédiaires pour cette population qui dépasse le plus souvent le plafond de revenu d'accessibilité au logement social. Au bout du compte,

---

1. André Babeau, « Logements sociaux : l'injustice de la loi », *Les Échos*, 21 octobre 2013, p. 10.
2. Denis Fainsilber, « Logement social : main basse sur Paris », *Les Échos*, 15 octobre 2013, p. 13.

pour habiter Paris, il faut être soit très riche soit très aidé. Ce qui contribue à la « gentrification »[1] de Paris et au départ de sa classe moyenne.

---

1. Terme qui désigne l'embourgeoisement des anciens quartiers populaires des grandes villes.

Chapitre 3

La baisse des prix est inévitable

*Une donnée souvent oubliée :
le vieillissement de la population*

Lentement mais sûrement

Les causes du gonflement de la bulle immobilière française ont été clairement identifiées. Cependant, qu'il s'agisse de l'augmentation de la dette ou du soutien de l'État, les projections sont claires : ces leviers vont se retourner, entraînant les prix vers le bas pour les cinq à dix prochaines années. Le mouvement semble d'ailleurs déjà enclenché… Mais la baisse se fera lentement car, à la différence du marché espagnol ou américain, les propriétaires français sont en moyenne solvables et les critères d'octroi de crédit à l'habitat plus stricts.

Le volume des ventes dans l'ancien a ainsi baissé de − 18 % en 2012. Alors que les grands réseaux immobiliers avaient tous annoncé une augmentation du nombre de leurs transactions pour 2013, pointant vers un marché des logements anciens en voie de réanimation, le syndicat professionnel, dont ils sont membres, constate l'inverse. Ils auraient en fait simplement fait mieux que les petits acteurs, car pour la Fnaim, le nombre de transactions dans l'immobilier ancien a encore reculé en 2013, soit − 5 % en moyenne nationale[1].

Pour le marché du neuf, la production de logements devrait chuter de − 7,4 % en 2013. Quant aux prix, ils se sont déjà repliés de − 1,5 % entre leur point haut, fin 2011, et le premier trimestre 2013 sur l'ensemble de la France (− 1,2 % à Paris, − 1,3 % en Île-de-France, − 2,5 % en province). La baisse atteint même − 2,9 % en moyenne nationale pour l'ancien en 2013[2].

Pour mesurer la taille du stock de biens à la vente, on calcule le temps qu'il faut pour écouler l'ensemble des biens au rythme actuel auquel les ventes s'effectuent. Dans le neuf, le ratio encours/ventes a atteint un point haut à 10,4 mois de vente en juin 2013, contre 9,6 mois de vente en décembre 2012 et 5,7 mois fin 2011. La demande diminue et les stocks remontent[3]. Pour l'instant, l'ajustement reste très limité que ce soit en termes de ventes et encore plus en termes de prix. Les ventes se sont stabilisées à un niveau assez bas, les prix reculent légèrement, la construction continue à se replier et les investissements restent mal orientés.

L'aménagement du régime fiscal des plus-values qui prévoit, dans la loi de finance 2014, un abattement moins fortement réduit et exceptionnel de 25 % entre septembre 2013 et août 2014, devrait fluidifier un peu le marché. Mais les investisseurs devraient rester hésitants avec

---

1. *Les Echos*, « La rentabilité de l'immobilier locatif se dégrade », Myriam Chauvot, p. 19, 15 janvier 2014.
2. Fnaim.
3. Fédération française du bâtiment.

un taux de chômage qui ne se résorbe pas, et une croissance atone et sans visibilité. La part des primo-accédants dans la production de crédit a atteint un point bas début 2013, tandis que celle des secundo-accédants est largement prépondérante à 50 %. Restaurer la solvabilité des acheteurs suppose donc un recul prononcé des prix.

Les émoluments des notaires viennent également de légèrement augmenter suite à la hausse de la TVA passée le 1er janvier 2014 de 19,6 % à 20 %. À partir du 1er mars, les droits de mutation payés lors de l'achat d'un appartement ou d'une maison passeront de 3,8 % à 4,5 % dans la majorité des départements. Une mesure qui renchérira un peu plus le prix des biens immobiliers[1].

LE VIEILLISSEMENT OU LA FIN DE L'ÂGE D'OR DE L'IMMOBILIER

Faire des prévisions sur les prix revient à s'interroger sur l'évolution future du rapport entre l'offre et la demande de biens immobiliers en France : les prix monteront si la demande augmente (ou l'offre baisse) et inversement, les prix baisseront si la demande recule (ou l'offre augmente). Cette question de la demande potentielle (encore appelée « désir d'acheter ») pour les biens immobiliers revient à s'intéresser au profil démographique de notre population, facteur rarement étudié lorsque l'on s'intéresse à l'immobilier en France.

---

1. Chambre syndicale des notaires

L'évolution démographique, facteur de soutien structurel à la demande de biens immobiliers jusqu'en 2005

Il n'y aurait pas eu de hausse des prix de l'immobilier si l'environnement démographique n'avait pas été propice, tirant vers le haut la demande de biens jusqu'en 2005. Portée par un taux de fécondité supérieur à 2 jusqu'en 1975, et parmi les plus élevés des pays développés depuis (en moyenne 1,8 enfant par femme entre 1975 et 2010, en hausse en fin de période à 2,01), ainsi que par un solde migratoire positif, la population française a connu une croissance annuelle moyenne de + 0,6 % au cours des quarante dernières années. La population totale augmentant (65 millions en 2013 contre 54 millions en 1980 et une projection à 68 millions en 2030), on serait tenté d'en conclure que le nombre de personnes susceptibles de devenir propriétaires s'accroît en proportion. La réalité est plus complexe. Les ménages sont en fait plus ou moins demandeurs de biens immobiliers en fonction de leur âge : acheteurs nets[1] de logements jusqu'à environ 58 ans, puisqu'ils sont en situation d'accumulation d'épargne, ils deviennent vendeurs nets au-delà[2] pour maintenir leur niveau de vie.

La dynamique démographique des acheteurs nets (approximativement les 20-59 ans, c'est-à-dire les actifs) est donc un élément essentiel à prendre en compte pour déterminer la toile de fond de la demande de biens immobiliers sur le long terme. Or, selon ce critère, le nombre de personnes susceptibles d'être intéressées par l'accès à la propriété a fortement progressé au cours des cinquante dernières années :

---

1. Globalement, au sein de la classe d'âge des moins de 58 ans, le nombre d'acheteurs est supérieur au nombre de vendeurs.
2. Au-delà de 60 ans, le nombre de vendeurs de biens immobiliers est supérieur au nombre d'acheteurs.

de 22 millions, les 20-59 ans sont passés à environ 33 millions d'individus, ce qui a provoqué une véritable explosion du désir d'acheter au sein de la population française jusqu'en 2005.

Figure 10 – Nombre de transactions immobilières en fonction de l'âge

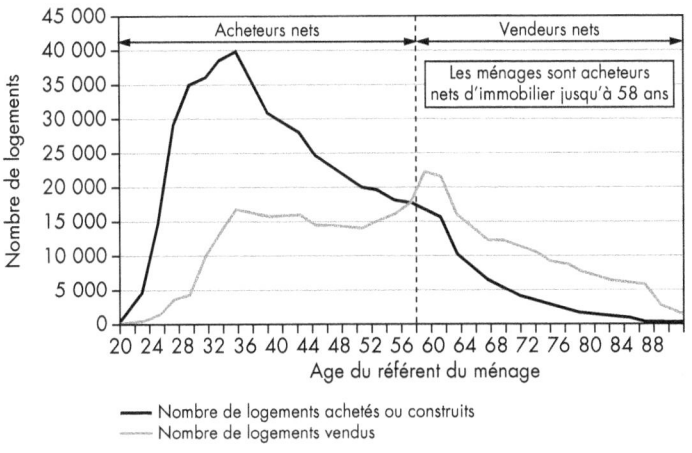

Source : CGEDD.

Figure 11 – Évolution démographique de la population des 20-59 ans

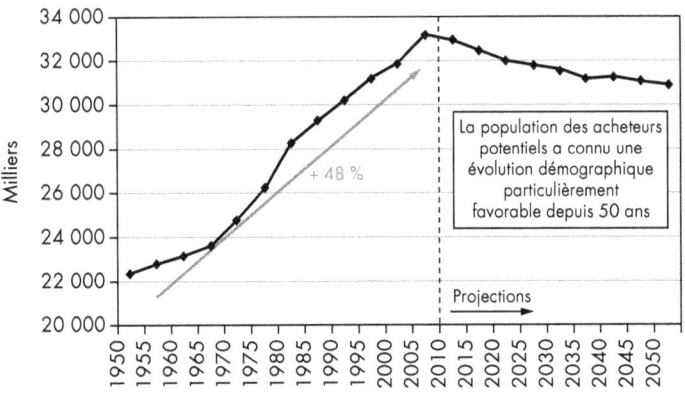

Source : United Nations Population Division.

Pour aller plus loin, il est primordial de confronter la dynamique des 20-59 ans (les acheteurs nets) à celle des plus de 60 ans (les vendeurs nets) puisque les prix sont la résultante du rapport entre l'offre et la demande. Or il apparaît que durant la période comprise entre 1955 et 2005, la pression des acheteurs nets a toujours été supérieure à celle des vendeurs nets (en moyenne 433 000 personnes de plus tous les cinq ans, soit 87 000 par an), confirmant ainsi l'augmentation du besoin d'accès à la propriété au sein de la population française.

Figure 12 – Différence entre la variation du nombre d'acheteurs nets (20-60 ans) et la variation du nombre de vendeurs nets (+ 60 ans)

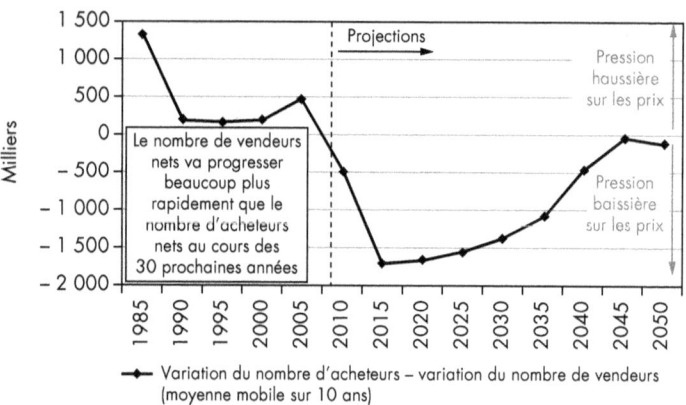

Source : United Nations Population Division.

À cette tendance démographique vient s'ajouter une transformation sociétale profonde : la réduction de la taille moyenne des ménages : de 2,9 personnes par ménage en 1975 à 2,3 en 2009 et des projections entre 2,04 et 2,08 pour 2030, en lien avec le vieillissement et l'augmentation structurelle des ruptures d'unions, qui ont fait exploser le nombre de personnes seules (plus d'un ménage sur trois en 2009) aux dépens des personnes vivant en couple.

En conséquence, le nombre de ménages a presque doublé entre 1965 et 2012 (+ 87 %), entraînant avec lui une hausse forte et structurelle du besoin d'accès au logement. En 2011, le nombre de ménages potentiellement acheteurs était ainsi de 72 % supérieur au nombre de ménages potentiellement vendeurs, conséquence d'une natalité porteuse (notamment du baby boom) et de la diminution du nombre de personnes par ménage. Nous sommes au sommet de ce mouvement qui est en train de s'inverser car le nombre de ménages de plus de 58 ans a déjà progressé de + 17 % par rapport à 2005, phénomène qui devrait s'accélérer dans les années à venir, le nombre des plus de 60 ans étant prévu en hausse de + 38 % d'ici à 2030.

Le vieillissement, ennemi numéro un de la pierre pour les vingt ans à venir

Nous l'avons vu, la dynamique démographique est d'autant plus favorable à une hausse des prix que la cohorte des acheteurs nets augmente. Or, ce n'est plus le cas aujourd'hui. Conséquence de l'érosion de la natalité après le baby boom, le volume de personnes susceptibles d'être intéressées par l'accès à la propriété devrait désormais rester stable dans l'Hexagone, autour de 33 millions d'individus durant les trente prochaines années. La demande potentielle de biens n'augmentera donc plus structurellement comme par le passé.

Pour prendre réellement conscience du changement en cours, il est encore plus intéressant de confronter directement la cohorte d'acheteurs potentiels à celle des vendeurs potentiels. Si, de 1965 à 2005, la pression des acheteurs a toujours été supérieure à celle des vendeurs, le rapport de force s'inverse désormais brutalement : la variation du nombre des plus de 60 ans a été de 2 millions supérieure à celle des 20-59 ans entre 2005 et 2010. Les effets de cette rupture dans le rapport entre actifs et inactifs sur les prix de l'immobilier n'ont pas été immédiats du fait de la forte inertie des dynamiques démographiques et des prix de l'immobilier. Cette modification profonde de la structure de la population française devrait toutefois avoir un impact fortement baissier sur les prix de la pierre à moyen et long termes : la variation du nombre des plus de 60 ans sera en effet en moyenne de 1,3 million supérieure à celle des 20-59 ans tous les cinq ans (soit 260 000 par an en moyenne) durant les vingt-cinq prochaines années…

Figure 13 – Répartition de la population par tranches d'âge

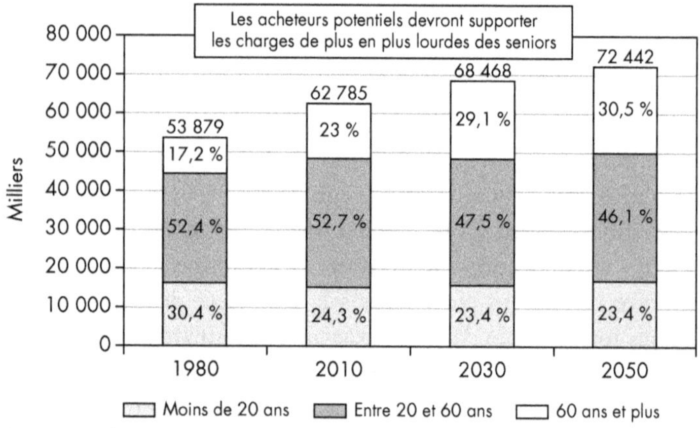

Année	Total (milliers)	Moins de 20 ans	Entre 20 et 60 ans	60 ans et plus
1980	53 879	30,4 %	52,4 %	17,2 %
2010	62 785	24,3 %	52,7 %	23 %
2030	68 468	23,4 %	47,5 %	29,1 %
2050	72 442	23,4 %	46,1 %	30,5 %

Les acheteurs potentiels devront supporter les charges de plus en plus lourdes des seniors

Source : United Nations Population Division.

Le climat sera d'autant moins favorable que les acheteurs potentiels (les actifs) seront progressivement mis sous pression au regard de la diminution de leur poids dans la population totale. En effet, l'augmentation du poids des seniors (passant de 23 % aujourd'hui à 30 % dans vingt ans) poussera irrémédiablement les dépenses sociales vers le haut, ce qui contraindra les gouvernements à resserrer substantiellement la fiscalité tout en actionnant toujours plus les leviers de la solidarité, réduisant d'autant l'épargne disponible des actifs.

Aux changements structurels du marché de l'immobilier, qui verra le nombre des vendeurs potentiels augmenter substantiellement, viendra donc s'ajouter une fragilisation croissante des acheteurs potentiels, qui seront pénalisés par un chômage plus élevé que ces dernières années, des revenus en faible croissance, un poids des seniors de plus en plus lourd, la disparition des soutiens publics au secteur, et surtout, comme nous allons le voir par la suite, une plus faible capacité d'emprunt.

Tranches d'âge et prix de l'immobilier

Pour conforter notre analyse sur l'influence de la structure de la population sur les prix de l'immobilier, nous avons calculé le coefficient de corrélation entre le poids des différentes tranches d'âge par département et le niveau de prix de l'immobilier de ces départements. La tranche d'âge des 20/40 ans obtient le coefficient de corrélation le plus élevé avec 55 % : ce sont bien les primo-accédants, acheteurs nets, qui font la hausse des prix sur une très longue période. Inversement, les plus de 60 ans ont un coefficient de corrélation négatif de 48 % : les seniors, vendeurs nets, entraînent bien la baisse des prix de l'immobilier.

LES ACHETEURS SOUS PRESSION : UNE CAPACITÉ D'ACHAT AU PLUS BAS

Tandis que la bulle se forme, le recours au crédit se généralise. C'est exactement ce qui s'est produit en France depuis la fin des années 1990. En conséquence, la dette immobilière de l'ensemble des ménages a été multipliée par deux entre 2000 et 2012. En dépit d'une baisse importante des taux d'intérêt sur la période, les intérêts payés lors de la première année de prêt représentent aujourd'hui près de 50 % de l'annuité, soit autant qu'à la fin des années 1990 au sommet de la dernière bulle immobilière française. Cela s'explique par l'augmentation sensible de la durée des prêts accordés par les banques (plus de 20 ans en moyenne depuis 2007, contre moins de 14 ans dans les années 1990). Dans ces conditions, on comprend aisément pourquoi les ménages, ainsi que le marché de l'immobilier dans son ensemble, se trouvent dans une situation de grande vulnérabilité à la moindre hausse des taux d'intérêt.

Figure 14 – Poids de l'endettement en pourcentage du prix au moment de l'acquisition de son logement

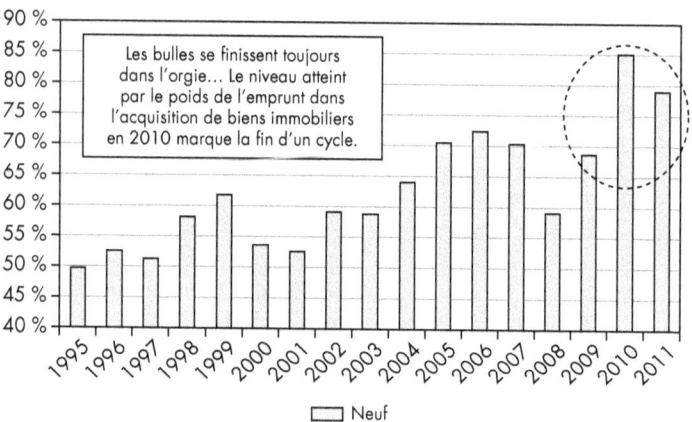

Sources : Compte du logement, Banque de France, Autorité de contrôle prudentiel.

Autre manifestation de la fragilité des fondations sur lesquelles repose le secteur : l'apport initial réclamé par les banques ne représentait plus que 42 % du montant de l'acquisition des biens immobiliers en 2011 contre 55 % au début des années 2000. Pour les primo-accédants, cette proportion est passée de 42 % à 30 %, et même à seulement 11 % pour l'achat d'un logement neuf.

Malgré des conditions de financement assouplies, la hausse des prix de l'immobilier a été beaucoup plus rapide que celle des revenus et s'est traduite par une chute de − 43 % du pouvoir d'achat immobilier des ménages depuis 1998 en France : l'offre de logements adaptée à la capacité d'achat des ménages est aujourd'hui de plus en plus réduite. Le niveau particulièrement bas de l'indicateur du pouvoir d'achat immobilier des ménages, qui reflète la quantité de logements qu'un ménage peut acheter selon le revenu brut disponible, les taux et la durée d'emprunt, l'attestent. À 35 % au deuxième trimestre 2013, le taux d'effort théorique est désormais à son plus haut point (30 % en 2003 et 25 % en 1999)[1].

Aujourd'hui, l'acquéreur d'un logement est plus âgé (37 ans d'âge moyen en 2013) et plus aisé qu'en 2012, gagnant 4 500 euros mensuels par foyer, voire 5 446 euros en Île-de-France et même 8 500 euros à Paris, selon les chiffres du courtier Empruntis.com. Pour la première fois, le seuil des 4 000 euros est franchi dans toutes les régions. Le montant moyen de l'achat en 2013 est de 220 387 euros dans la France entière, et de 300 000 euros en Île-de-France. Il est de 463 322 euros à Paris, pour une surface moyenne achetée de 56 mètres carrés. Si l'on compare ces chiffres avec les salaires des ménages, on voit bien dans quelle impasse le marché immobilier se trouve. Selon les derniers chiffres publiés par l'INSEE[2] en 2013, le salaire net mensuel en

---

1. Le taux d'effort est la charge de remboursement annuelle d'un crédit habitat rapportée au revenu annuel du ménage acquéreur.
2. « Un français sur deux touche moins de 1 712 euros par mois », *Les Échos*, 17 novembre 2013, p. 7.

équivalent temps plein d'une personne travaillant dans le privé ou le secteur public était en moyenne en France de 2 130 euros en 2011. Si l'on retient le salaire médian, plus représentatif du pouvoir d'achat de l'ensemble de la population française, le diagnostic est encore moins favorable. Il s'établit à 1 712 euros en 2011, ce qui signifie que 50 % des salariés touchent moins que cette somme. Les 10 % des salariés les moins bien payés ont perçu une rémunération mensuelle nette inférieure à 1 170 euros alors que les 10 % les mieux payés ont touché plus de 3 400 euros et les 1 % les mieux lotis plus de 7 817 euros. On voit donc que les 10 % de la population la plus favorisée, restent en dessous du seuil des 4 500 euros mentionnés ci-dessus pour l'achat d'un bien immobilier de 56 m² en France. Les 1 % les plus riches sont aussi légèrement en dessous du seuil des 8 500 euros nécessaires pour acquérir un bien dans Paris intra-muros. La hausse vertigineuse des prix a rendu insolvable l'ensemble de la population française pour l'achat d'un toit, même d'une surface modeste. Nous sommes bien confrontés à un problème de solvabilité et non pas d'offre.

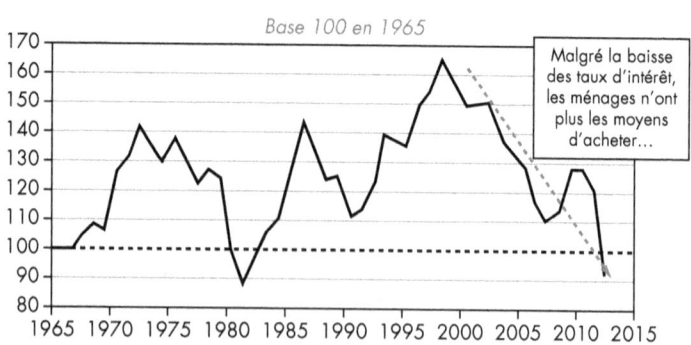

Figure 15 – Indicateur du pouvoir d'achat immobilier des ménages : rapport entre le revenu disponible et les prix immobilier

Sources : CGEDD, Banque de France.

Les primo-accédants sont les plus touchés par la bulle qui sévit sur le marché de l'immobilier. La durée de l'emprunt leur permettant d'acheter un logement avec un apport initial a atteint des sommets : plus de 45 ans en 2008 et encore 35 ans aujourd'hui pour l'ensemble du territoire en moyenne, traduisant bien l'inaccessibilité actuelle à la propriété pour les générations les plus jeunes.

Malheureusement, aucun élément ne nous incite à envisager une remontée du pouvoir d'achat à court et moyen termes : au regard d'une conjoncture durablement dégradée par un surendettement global (privé comme public) et par un vieillissement de la population qui s'accélère, notre scénario concernant l'évolution du revenu disponible brut des ménages est celui d'une progression de + 1,5 % par an (optimiste) dans les années à venir, contre une moyenne de + 2,1 % par an constatée depuis 1998. Mais à l'inverse des quinze dernières années, l'assouplissement des conditions de financement ne pourra plus prendre le relais, bien au contraire.

De nombreux primo-accédants se retrouvent ainsi dans une situation périlleuse, d'autant que leurs budgets prévisionnels sont alourdis par des postes tels que l'énergie, l'eau et les diverses charges de copropriété qui ont flambé de 25 % entre 2007 et 2012. D'après les estimations de l'Agence nationale de l'habitat, près de 15 % des 670 000 copropriétés de l'Hexagone, représentant un million de logements, sont aujourd'hui dans une situation financière fragile[1]. Or ce sont les ménages les plus précaires que le gouvernement incite à s'endetter avec le prêt à taux zéro, pour acheter de l'immobilier au plus cher.

---

1. Denis Fainsilber, « Quand la "copro" prend l'eau », *Les Échos*, 5 novembre 2013, p. 13.

LES VENTS CONTRAIRES SE RENFORCENT

Nous l'avons vu, près des trois quarts de la hausse de l'indice des prix immobiliers entre 1998 et 2011 (+ 158 %) s'expliquent par un assouplissement des conditions de financement, conséquence d'une baisse des taux d'intérêt et surtout d'un volontarisme inédit des banques. Or, l'environnement actuel laisse présager une inversion de tendance. Les stigmates d'une crise financière partie pour durer marqueront en effet longtemps les établissements de crédit, souvent considérés comme responsables des difficultés que les pays industrialisés rencontrent actuellement. En premier lieu, advient la nécessaire réduction du bilan des banques, qui a atteint des niveaux historiquement élevés en Europe au cours des dernières années : en moyenne 350 % du PIB pour la zone euro, et plus de 400 % du PIB en France.

Outre une plus faible demande de crédits, conséquence de la fragilité actuelle des ménages, les nouvelles exigences réglementaires en termes de fonds propres, dictées par la réglementation bancaire européenne Bâle III, devraient provoquer la diminution naturelle de la durée des prêts accordés et la hausse des taux d'intérêt. En effet, les banques devront choisir entre deux maux pour maintenir leur rentabilité. Soit elles continueront à financer massivement leurs prêts de long terme avec des ressources de court terme, comme c'est le cas aujourd'hui, et elles devront alors augmenter substantiellement leurs fonds propres[1] – cette hypothèse est difficilement envisageable au regard de la conjoncture actuelle –, soit, au contraire,

---

1. C'est-à-dire mettre de l'argent de côté pour faire face à d'éventuelles pertes.

elles s'orienteront vers un financement de même durée que les prêts distribués en acceptant des marges largement inférieures ou, plus probablement, en augmentant leurs taux d'intérêt.

Les taux ne peuvent plus baisser

Les taux hypothécaires ont atteint leur niveau historique le plus bas en juillet 2013, passant de 3,97 % à 2,92 % en un an et battant le précédent record de novembre 2010 (3,5 %), juste avant la crise européenne. Depuis l'été 2013, nous assistons à la remontée des taux d'intérêt à long terme en France avec l'anticipation d'une politique monétaire américaine moins accommodante d'ici 2014, qui commencerait d'abord avec un ralentissement de la politique quantitative de la Fed, puis avec une remontée très progressive des taux directeurs (pas avant 2015). Dans un tel contexte, on ne peut envisager, au mieux, qu'une stagnation des taux à ce niveau, sinon leur remontée. Les banques ont ainsi affiché des taux en hausse dans leur barème ces derniers mois, mais ne les ont appliqués qu'avec une grande frilosité. La concurrence est en effet toujours vive et les prêts hypothécaires restent un produit d'appel bancaire, incontournable depuis des décennies.

Si nous ne privilégions pas l'hypothèse d'une hausse sensible des taux sans risque en France (les obligations d'État à dix ans), dans un contexte de vieillissement de la population, la moindre transformation bancaire devrait cependant avoir pour conséquence un renchérissement d'au moins cent points de base des taux hypothécaires à 4 % d'ici fin 2014. La hausse des taux hypothécaires devrait, selon nos évaluations, provoquer un recul de la capacité d'emprunt des acheteurs potentiels d'une dizaine de points de pourcentage à un horizon de moyen terme.

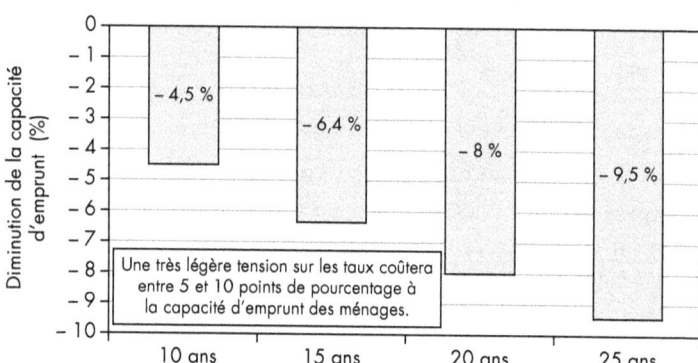

Figure 16 – Impact d'une hausse des taux de 1 % sur la capacité d'emprunt, en fonction de la durée du prêt

À ce jour, les banques n'ont que marginalement modifié leurs conditions financières. En revanche, elles ont été plus sélectives sur les dossiers, en demandant plus d'apport initial, en raccourcissant les durées de prêt et en augmentant les taux sur les durées les plus longues.

La capacité d'emprunt reculera fortement

Ce phénomène a d'ailleurs déjà débuté, avec des politiques d'octroi de crédits aujourd'hui plus sélectives et prudentes que par le passé : le montant des crédits à l'habitat distribués au cours de l'année 2012 (98,7 milliards d'euros) est inférieur de 31 % à celui de l'année 2011 (144,3 milliards d'euros) et de 38 % à celui de 2010 (158,8 milliards d'euros). La production de prêts immobiliers a été meilleure en 2013 que ne le laissait présager la conjoncture. Malgré un nombre de ventes (ancien et neuf confondus) en retrait par rapport à 2012, le volume de crédits accordés a augmenté de 16,5 %[1], suite à la baisse des taux hypothécaire qui ont atteint un point bas historique sur la période mais avant tout de la renégociation des prêts anciens. La production de crédit reste, malgré tout, en-deçà du point haut historique de 2010. Les rachats de prêts garantis par Crédit Logement ont représenté 21,85 milliards d'euros en 2013 contre seulement 3,14 milliards d'euros en 2012. Hors rachats de prêts, la production de crédits 2013 de Crédit logement ne montre qu'une faible hausse de 5 % par rapport à 2012[2].

Les flux devraient être à nouveau en retrait en 2014 avec la remontée progressive des taux d'intérêt (contre une progression de 6,3 % en 2011 et surtout autour de 15 % entre 2004 et 2007). À plus long terme, cette tendance au ralentissement devrait s'accentuer.

De même, le montant moyen des prêts accordés pour l'achat d'un bien est en repli depuis la fin 2011 (passant de 130 000 euros à 122 000 euros pour les primo-accédants et de 140 000 euros à 133 000 euros pour les autres acheteurs[3]) et leur durée moyenne n'augmente plus. L'offre de crédit à 25 ans, qui représentait 17 % des nouveaux prêts en mai 2013 contre 25,6 % au troisième trimestre 2011, devrait ainsi peu à peu se raréfier dans les années à venir.

La réforme que le gouverneur de la Banque de France, Christian Noyer, veut initier, pourrait faire remonter les taux d'intérêt : « Il devient indispensable que nous nous donnions les moyens de développer une titrisation[4] des

---

1. Fnaim.
2. Crédit logement.
3. Source : grands réseaux immobiliers.
4. La titrisation est une technique financière qui consiste à transférer à des investisseurs des prêts d'une banque, en transformant ces créances en titres financiers émis sur le marché des capitaux.

crédits immobiliers résidentiels » pour alléger les bilans des banques (compte tenu des nouvelles contraintes réglementaires afin de maintenir la capacité du système financier à prêter) et orienter le crédit vers les secteurs les plus productifs. Cela nécessite de « revisiter l'équilibre économique de l'activité immobilière, marquée aujourd'hui en France par un niveau de taux particulièrement bas »[1]. La relance de la titrisation des crédits immobiliers entraînera mécaniquement une hausse du coût du crédit pour les ménages. En effet, les investisseurs dans le cadre de la titrisation exigeront une rémunération plus élevée que les banques, pour lesquelles le crédit immobilier est souvent un produit d'appel. Cette technique pourrait, à terme concerner de 20 à 25 % de ces crédits.

La diminution de la durée des prêts entraînera une baisse de la capacité d'emprunt d'environ − 20 %

Si la sensibilité de la capacité d'emprunt aux taux d'intérêt est une source d'inquiétude, les pressions à la baisse sur la durée des emprunts le sont plus encore. En effet, la dérive des prix de l'immobilier par rapport au revenu depuis la fin des années 1990 est surtout la conséquence de l'allongement de 14 ans à plus de 20 ans en moyenne de la durée des emprunts pour l'achat d'une résidence principale (et même jusqu'à près de 22 ans pour un primo-accédant à la mi-2011).

Or, au regard de l'environnement actuel, nous estimons très probable à un horizon de cinq à dix ans un retour de la durée moyenne de distribution des prêts vers sa

---

1. *Les Echos*, « Immobilier : la réforme qui pourrait faire remonter les taux », Véronique Chocron et Edouard Lederer, p. 27, 20 janvier 2014.

moyenne historique avant bulle, à savoir autour de 14 ans. Selon ce scénario, le raccourcissement de six ans de la durée des prêts devrait diminuer la capacité d'emprunt des ménages de − 18 % à − 24 % selon le taux d'intérêt initial.

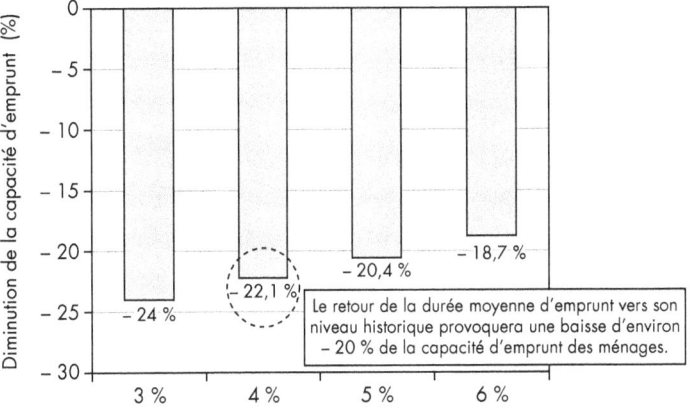

Figure 17 – Impact d'un raccourcissement de 20 ans à 14 ans de la durée des prêts sur la capacité d'emprunt, en fonction du taux

Le durcissement des conditions de financement entraînera une baisse de la capacité d'emprunt de près de 30 %

Le cumul de la légère hausse des taux (100 points de base) et de la baisse de la durée d'emprunt (moins six années en moyenne) devrait créer un trou d'air conséquent sur la capacité d'achat des emprunteurs, entre − 23 % et − 34 % à un horizon de cinq à dix ans, en fonction des conditions de prêts initiales.

Mais la question du financement n'est pas la seule à entrer en ligne de compte dans la valorisation des biens immobiliers. La disparition progressive du soutien inconditionnel du secteur par l'État pourrait faire entrer l'immobilier dans un cercle vicieux de baisse des prix, comme il fut prisonnier d'un cercle de hausse entre 1998 et 2011. Ce qui mettrait alors un terme à l'image de valeur refuge acquise par l'immobilier depuis quinze ans en France.

Figure 18 – Impact de la baisse de la durée des prêts et de la hausse des taux sur la capacité d'emprunt (exemple d'une mensualité de 1 000 euros)

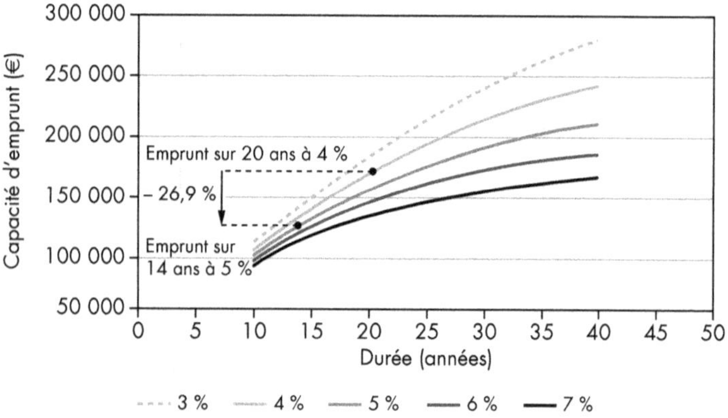

LA FIN DU STATUT DE VALEUR REFUGE AVEC L'ARRÊT DU SOUTIEN DE L'ÉTAT

Facteur aggravant de la mise sous pression de la capacité d'emprunt des ménages, l'arrêt des programmes de stimulation gouvernementaux (mesures d'aide à l'accession et défiscalisation) en lien avec la nécessité pour l'État de réduire les déficits publics, ne fera qu'accentuer la baisse des prix.

Ce phénomène a d'ailleurs déjà débuté, l'année 2012 ayant marqué la fin de nombreuses mesures procycliques qui ont exacerbé la formation de la bulle immobilière, et dont l'annulation ne fera qu'amplifier la baisse. Quasiment tous les avantages fiscaux liés au logement ont été abolis : fin de l'exonération de la plus-value après trente ans et retour à une imposition après vingt-deux ans, arrêt du prêt à taux zéro pour les logements anciens, sans parler du coup de rabot sur l'avantage Scellier à partir de 2013. Mais au-delà des mesures prises, il faut percevoir dans ce vaste mouvement l'arrêt brutal d'une politique de soutien public systématique à la demande de biens immobiliers (et donc aux prix) au moment même où la situation des ménages et des établissements prêteurs est la plus fragile. Ce changement drastique mettra ainsi fin à l'aléa de moralité[1] ayant gagné les investisseurs dans la pierre au cours des dernières années.

Mais les décisions politiques concernant le secteur ne s'arrêtent pas au seul retrait des mesures de soutien prises antérieurement. Le renforcement de la taxe sur les logements vacants, la majoration de la taxe foncière sur les terrains constructibles et surtout le projet de loi sur l'encadrement des loyers en sont la preuve. L'adoption d'une telle mesure ne serait pourtant pas inédite : un encadrement des loyers avait été mis en place par le gouvernement Laval en 1935 et avait marqué le début du dégonflement de la bulle de valorisation dans l'immobilier qui sévissait à l'époque (voir l'introduction du livre).

---

1. C'est-à-dire les incitations des agents économiques à avoir des comportements dangereux parce ce qu'ils se sentent assurés contre les conséquences de ces comportements.

La baisse a déjà commencé

Comme nous l'avons vu auparavant, la demande de biens immobiliers est intimement liée aux paramètres démographiques caractérisant une population, à savoir l'évolution des classes d'âge, notamment des plus de 58 ans (vendeurs nets) et des moins de 58 ans (acheteurs nets). Les prix de l'immobilier n'échappent pas à la règle de l'offre et de la demande. Mais encore faut-il que cette demande soit solvable pour pouvoir répondre à l'offre proposée. Sans demande solvable, pas de transaction au prix du marché. Jusqu'aux années 1990, la demande a été largement solvabilisée par la hausse continue des revenus en période de pleine croissance. Depuis 1998, la financiarisation de l'économie a permis de suppléer la stagnation des salaires pour maintenir le pouvoir d'achat des Français. Malheureusement, aujourd'hui, au regard de la conjoncture dégradée que connaît l'Hexagone, la demande est de moins en moins solvable.

Des biens immobiliers inaccessibles pour la majorité des ménages à Paris

La forte baisse du nombre de transactions rend les indices de prix de moins en moins significatifs. En effet, si les prix actuels poussaient les propriétaires à mettre leurs biens en vente, les prix baisseraient alors très fortement, le nombre de personnes solvables en mesure d'acheter n'étant aujourd'hui plus extensible.

À Paris, en 2002, les appartements de moins de 250 000 euros représentaient près de quatre ventes sur cinq (78 %), aujourd'hui, ils concernent moins d'une vente sur trois (30 %), en tenant compte de la hausse des prix. Sur cette même période, le baromètre de l'immobilier des notaires d'Île-de-France montre que la part des biens de plus de 1 million d'euros a été multipliée par dix et celle des biens de plus de 500 000 euros par six. Le phénomène est légèrement amorti en petite couronne : la part des biens de moins de 250 000 euros a baissé de − 34 %, et en grande couronne de − 14 %. La hausse apparente des prix dans la capitale reflète donc la raréfaction des biens les moins chers dans les transactions et surtout la désolvabilisation des acheteurs. Le prix moyen est aujourd'hui influencé par le poids de plus en plus important des transactions les plus chères réalisées par les ménages qui peuvent encore accéder à la propriété. De manière trompeuse, ce phénomène compense, dans le calcul de l'indice des prix, la baisse globale des prix à qualité de bien équivalente dans un contexte d'affaissement des volumes de transaction.

Les prix élevés découragent les investisseurs. Selon les données de l'agence Barnes, le haut de gamme souffre à son tour, avec une baisse des volumes de transactions encore plus importante que pour l'ensemble du marché : − 42 % pour les transactions supérieures à 2 millions d'euros et − 28 % pour les transactions comprises entre 1 et 2 millions d'euros en 2012. Et la tendance devrait se poursuivre : si les étrangers ont permis à ce segment de niches de rebondir fortement à partir de 2010 pour en faire une véritable locomotive pour l'immobilier, leur attrait pour la France semble avoir désormais disparu avec la crise de la zone euro, l'alourdissement de la fiscalité sur le secteur et une perte de confiance dans sa capacité à faciliter les investissements sur son territoire. De fait, leur part dans le total des transactions supérieures à 1 million d'euros effectuées sur la rive gauche de Paris est tombée de 45 % en 2011, à 25 % en 2012 et même 13 % depuis le début 2013. Rien ne laisse présager un inversement de tendance à court ou moyen terme sur ce segment : les prix devraient baisser au regard de la forte hausse des stocks de biens à vendre. Quant au créneau de l'hyper-luxe (au-delà de 25 000 euros le mètre carré), il stagne déjà depuis 2008. Et il ne faut plus compter sur les étrangers, qui ne représentent que 7 % des transactions comprises entre 1 et 2,5 millions d'euros, pour soutenir le marché : leur part a baissé de 25 % en 2012 sur la rive gauche, après une baisse déjà considérable de 45 % en 2011.

Du côté des salaires, il en va autrement. On a assisté au cours des dix dernières années à une stagnation des plus bas revenus, ceux qui sont justement concernés par la raréfaction des biens de moins de 250 000 euros. Alors que les ménages du premier décile ont vu leur revenu augmenter de 1 000 euros par an depuis 2002, ceux du plus haut décile gagnent 22 216 euros de plus par an ! Avec un tel incrément de revenu, cumulé à la baisse des taux et à l'allongement de la durée des prêts immobiliers, l'effet de levier sur la capacité d'emprunt de ces populations a été spectaculaire ! En 2012, la poursuite de la baisse des taux d'intérêt a encore consolidé la solvabilité des ménages les plus riches, mais n'a été d'aucun secours pour l'accession à la propriété de la grande majorité des ménages. Or, ce qui fait la tendance réelle des prix sur le long terme, ce ne sont pas les derniers acheteurs solvables mais l'ensemble de la population. Il y a donc aujourd'hui une différence flagrante et injustifiée entre la valeur d'habitation des logements et leur prix de marché.

À Paris, alors que les plus riches 10 % des ménages ont pu emprunter 300 000 euros de plus en 2010 par rapport à

La baisse des prix est inévitable

Figure 19 – Revenu annuel des 10 % des ménages les plus riches, les plus pauvres et du milieu

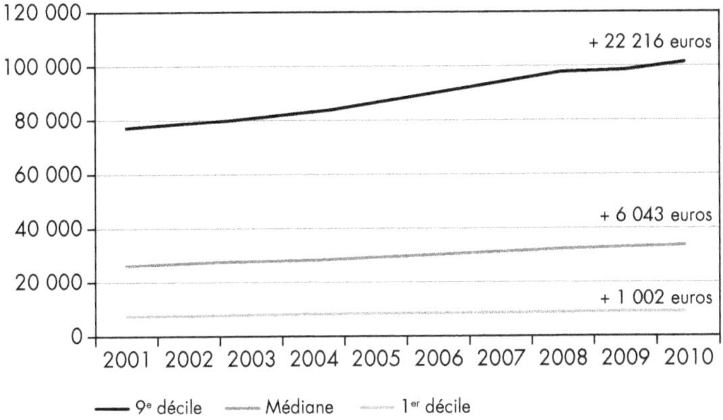

[Graphique : 9ᵉ décile +22 216 euros ; Médiane +6 043 euros ; 1ᵉʳ décile +1 002 euros, de 2001 à 2010]

Source : Chambre des notaires.

2002, les 10 % les plus pauvres n'ont obtenu qu'une modeste rallonge de 18 000 euros, soit à peine de quoi payer les frais de notaire ! Les ménages les plus riches se retrouvent ainsi avec une capacité d'emprunt quasi égale à 1 million d'euros. Au cœur de la population parisienne, le ménage médian a aujourd'hui une capacité d'emprunt de 300 000 euros (tous frais compris sans apport), soit le montant d'un bien avoisinant les 250 000 euros sans frais. Or ces biens-là sont trois fois plus rares à la vente en 2012 qu'ils ne l'étaient en 2002.

Pourquoi Paris a-t-il semblé résister ?

L'évolution des prix de l'immobilier à Paris a été bien différente du reste de la France depuis le sommet atteint fin 2011. Au cours de l'année 2012, les prix y ont en effet rebondi alors qu'ils baissaient partout ailleurs, laissant penser que les prix ne pouvaient pas baisser à Paris. Y aurait-il une exception parisienne au début de la baisse des prix immobiliers en France ?

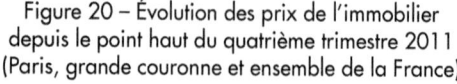

Figure 20 – Évolution des prix de l'immobilier depuis le point haut du quatrième trimestre 2011 (Paris, grande couronne et ensemble de la France)

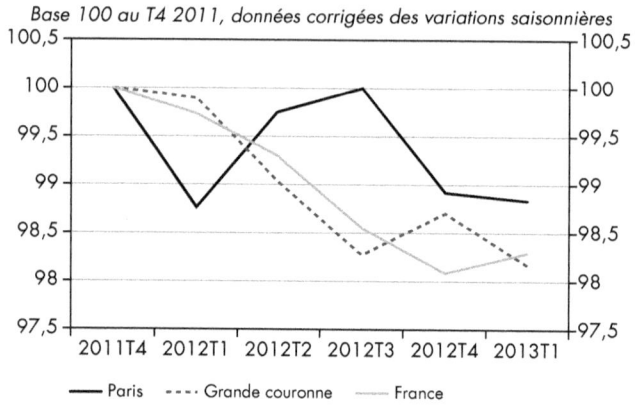

Source : notaires, INSEE.

Cette anomalie s'explique d'abord par un effet statistique, lié à la nature de l'indice global des prix de l'immobilier à Paris : en ne prenant pas en considération l'effet volume de transactions, il ignore les pressions baissières déjà à l'œuvre sur certains segments de ce marché.

Dans le détail, on constate, depuis septembre 2011, un ralentissement sensible du nombre de transactions enregistrées dans la capitale, confirmé par les chiffres publiés par la Chambre des notaires de Paris qui font état d'un recul de − 19 % en glissement annuel en 2012. Quel phénomène se cache derrière cette inversion de tendance ? La baisse des volumes traduit surtout le fait que les ménages les moins solvables se sont progressivement retirés du marché, rendant les fondations de la hausse des prix de l'immobilier depuis quatre ans très fragiles (le prix actuel n'est plus qu'un prix marginal). En d'autres termes, si l'attractivité actuelle des prix incitait les ménages propriétaires à mettre en vente leurs biens, cela entraînerait immédiatement une correction massive de l'indice par l'incapacité de la demande à répondre à ce surplus d'offre.

Dans ces conditions, seuls les ménages aux revenus les plus élevés ont pu rester acheteurs d'immobilier à Paris au cours des dernières années, profitant de la baisse massive des taux d'emprunt sur la période. C'est ce qu'illustre bien la distribution des ventes selon le prix des biens : les transactions supérieures à 500 000 euros n'ont jamais été aussi importantes qu'aujourd'hui, avec plus de 30 % du total en 2011 et 2012. Le maintien d'un marché haut de gamme dynamique a donc influencé le prix moyen de l'immobilier parisien, en masquant les baisses déjà en cours sur les segments de moindre qualité ou moins cher.

Un indice de plus : le changement de ton récent des professionnels de l'immobilier

Alors qu'ils nous assurent, depuis plusieurs années, que leur secteur n'est menacé d'aucune bulle, les professionnels de l'immobilier se sont accordés début 2013 pour annoncer une baisse des prix face au blocage des transactions provoqué par les vendeurs, qui s'accrochent à leur prix, et les acheteurs, qui attendent la baisse. La Fnaim, Century 21, Orpi, La Forêt, Guy Hocquet et les notaires eux-mêmes, oubliant leur discours rassurant d'hier, ont opté pour une vision plus prudente, admettant qu'une baisse des prix n'était plus à exclure. En début d'année 2013, leurs prévisions, peu élevées afin de ne pas effrayer le marché, étaient de l'ordre de − 1 % à − 5 % sur l'ensemble de l'année.

Trop faible encore, cette baisse annoncée n'est pas assez conséquente pour fluidifier les transactions. Les réseaux immobiliers sont donc contraints de rentrer dans le vif du sujet, en conseillant aux vendeurs de baisser leur prix de − 5 % à − 15 %. L'effort consenti par le vendeur est alors « compensé » par la gratuité des honoraires de l'agence ou par une exposition du bien à plus de publicité.

Chapitre 4

Un impact social majeur

Les contours d'un processus de dislocation territorial et humain

DES CONSÉQUENCES POTENTIELLEMENT IRRÉVERSIBLES

L'évolution des prix de l'immobilier au cours des quinze dernières années, au-delà de tous les risques déjà évoqués, doit être mise en parallèle avec le phénomène de ghettoïsation de la France qui s'est renforcé tout au long de la période et dont les conséquences sociales sont aujourd'hui considérables. En effet, loin d'avoir créé le brassage culturel souvent évoqué, le séparatisme provoqué par l'envolée des prix de l'immobilier a surtout coupé la France en deux avec, d'une part, des métropoles parfaitement inscrites dans le processus de mondialisation, et, d'autre part, les autres zones du territoire, vivant avec le sentiment d'être les laissés-pour-compte de la société. Comment expliquer cette dislocation ?

LA FRANCE SE GHETTOÏSE

La hausse des prix de l'immobilier a joué un rôle essentiel dans la ségrégation sociale et géographique qui s'est produite au cours des trente dernières années en France. Le découpage actuel des territoires reflète ainsi le tri social provoqué d'un côté par l'augmentation du coût du logement et de l'autre par la spécialisation du marché de l'emploi. En effet, depuis la fin des années 1990, la mondialisation a entraîné une concentration de plus en plus forte de la création de richesse dans les zones métropolitaines, elles-mêmes se spécialisant dans les secteurs de l'économie qui réclament le plus de qualifications et de diplômes. Le processus de rapprochement des populations selon leurs moyens financiers a ainsi détruit progressivement la mixité sociale et débouche sur une France coupée en deux sous-ensembles cohérents, ayant chacun leurs propres spécificités et leur logique.

Les métropoles : d'un côté le centre-ville et les banlieues résidentielles, de l'autre les banlieues populaires dites « à risque »

On oppose souvent les centres-villes aux banlieues populaires… Pourtant, ces deux territoires appartiennent bel et bien au même ensemble que forment les métropoles, véritables pôles d'attractivité sur le territoire. Contre les idées reçues, ces deux entités s'inscrivent dans le même processus de mondialisation en cours, même si elles le vivent et l'expriment différemment.

Le centre-ville et les banlieues résidentielles « huppées »

La mutation économique à l'œuvre depuis vingt ans se caractérise par une spécialisation du marché de l'emploi des métropoles vers les activités les plus qualifiées des secteurs publics (administration, santé, formation, culture) et privés (finance, recherche, information, télécommunications et informatique). Dans ce processus de métropolisation et de mondialisation, l'emploi dans les grandes villes s'est ainsi peu à peu réduit aux emplois de cadres et de professions intermédiaires, bénéficiant de revenus supérieurs à la moyenne nationale. La concentration de ces hauts revenus a bien entendu touché en premier lieu l'ensemble des quartiers huppés des grandes villes, mais pas seulement. Du fait de la raréfaction de l'offre de logements à des prix abordables, les anciens quartiers populaires et les proches banlieues résidentielles sont de plus en plus touchés par une appropriation massive et radicale par les catégories supérieures de territoires entiers hier destinés aux plus modestes[1], proches des grands centres d'activité que sont les métropoles. L'ampleur du phénomène est telle qu'il s'auto-alimente désormais : la hausse des prix chasse progressivement les catégories moyennes et populaires, moins qualifiées, des centres-villes. L'exemple du nord-est de Paris est une parfaite illustration de l'embourgeoisement des anciens quartiers populaires des grandes villes (voir « Le cas de Paris » p. 79). Anecdote révélatrice, les services des impôts ont ainsi enregistré une explosion des ménages payant l'ISF dans tous les quartiers populaires des grandes villes, et surtout à Paris où la bulle immobilière est particulièrement importante[2].

Les centres-villes n'étant pas extensibles, les banlieues résidentielles proches se sont fortement développées selon le même processus : concentration de hauts revenus et homogénéisation des populations. En effet, les ménages les plus aisés sont venus grossir la demande de logements situés dans les zones résidentielles attractives, entraînant

---

1. Christophe Guilluy, *Fractures françaises*, François Bourin Éditeur, 2010, p. 91.
2. *Ibid.*, p. 94.

un mécanisme d'auto-alimentation de la hausse des prix dans ces zones spéculatives et de fuite des classes populaires y habitant traditionnellement. Ces banlieues transformées présentent ainsi les mêmes symptômes que les centres-villes, où l'absence de couches populaires est plus criante encore.

Autre conséquence de cette concentration de l'activité économique : la mise en place d'une ségrégation sociale des territoires fondée sur le niveau des diplômes[1]. À Paris, la proportion de personnes disposant au moins d'un bac + 2 est ainsi deux fois supérieure à la moyenne nationale. Entre 1999 et 2008, la part de diplômés bac + 2 et plus a davantage augmenté dans les grandes villes, déjà les mieux loties en 1999. À l'inverse, les villes qui comptaient les proportions les plus faibles de diplômés sont celles où cette part a le moins augmenté, quand elle n'a pas diminué. Le niveau de revenu étant fortement corrélé au niveau du diplôme, le lien entre niveau de diplôme et prix de l'immobilier transparaît clairement : les diplômés sont ainsi majoritaires dans les zones où le prix de l'immobilier est élevé, et inversement.

Le taux de pauvreté des personnes sans diplôme est de 10,1 % contre 3,1 % pour les bac + 2. Parmi les populations pauvres, 42,7 % n'ont aucun diplôme et ceux qui ont au moins un bac + 2 ne représentent que 4,6 %. Pour se loger, les non-diplômés sont ainsi obligés d'aller de plus en plus loin, hors des centres-villes, tandis que les diplômés se constituent un patrimoine de valeur en acquérant

---

1. « Ascenseur social et prix de l'immobilier », *Le Monde,* 21 novembre 2012, p. 20.

des grandes surfaces industrielles, ou artisanales, ou en réunissant de petits appartements.

Les classes populaires, quant à elles, se maintiennent dans les centres-villes uniquement grâce aux logements sociaux. Cette « inclusion » artificielle de logements attribués sur critères n'est pas sans poser de problèmes, et génère un sentiment fort de fracture sociale pour les populations qui y vivent, voire d'injustice lorsque ceux-ci sont attribués à des ménages qui n'en ont pas vraiment besoin.

Le cas de Paris

À Paris, les candidats à la propriété sont de plus en plus riches avec un salaire mensuel moyen de 3 260 euros contre 2 530 euros à l'échelle de la France. Leur revenu a augmenté de 46 % en dix ans contre 20 % en France. L'écart de revenu entre un Parisien et un Français n'a jamais été aussi élevé, passant de 6 % en 2001 à 29 % en 2011[1].

Dans le nord-est de Paris intra-muros, on assiste à une accélération du phénomène de « gentrification ». Ce processus de substitution se réalise en milieu populaire avec le départ de populations d'origine française (ouvriers et employés) et l'arrivée conjointe de populations étrangères et bourgeoises[2].

En effet, même si les prix de l'immobilier y ont, en moyenne, été multipliés par trois, cette partie de la capitale est restée relativement abordable et devient aujourd'hui la cible des acheteurs les plus solvables. Dans le 20e arrondissement, par exemple, le nombre de cadres a progressé de 24 % à 31,7 % entre 1999 et 2008. Dans le même temps, cet arrondissement, qui compte déjà plus de 29 % de logements sociaux, sera au terme de la mandature, en 2014, celui qui en contiendra le plus. La population immigrée y a aussi augmenté, passant de 19,4 % en 1999

---

1. Myriam Chauvot, « Immobilier : la flambée menace de vider Paris de ses enfants », *Les Échos*, 18 juin 2012, p. 10.
2. Christophe Guilluy, *op. cit.*, p. 72.

à 21,7 % en 2008. « Avec la disparition des ouvriers à Paris, l'immigré devient la figure du pauvre et le Blanc incarne le bourgeois. Le clivage social retrouve un clivage ethnique », remarque le géographe Christophe Guilly, auteur de *Fractures françaises*. À l'inverse, les quartiers les plus chics de la capitale n'ont pas favorisé le développement de logements sociaux. La mairie de Paris s'efforce de redresser la barre en affectant les logements sociaux aux classes moyennes de façon plus équilibrée, mais elle ne dispose que de 10 % du contingent. Le reste est attribué par les bailleurs sociaux, sur lesquels la capitale n'a aucune prise. C'est donc bien la logique foncière et patrimoniale qui détermine la dynamique de population.

Dans Paris intra-muros, avec une démographie qui s'essouffle, la hausse des prix de l'immobilier a renforcé les tendances passées en accentuant la fracture sociale. Les accédants à la propriété sont désormais, pour les deux tiers (69 %) des célibataires et des couples sans enfants. Passés de 13 % des acquéreurs de logements recensés par l'agence départementale d'information sur le logement en 2001 à 19 % en 2011, les couples sans enfants sont largement en tête, tandis que les célibataires représentent plus de la moitié des acheteurs. Les couples avec deux enfants ou plus ne forment plus que 10 % des acheteurs à Paris, contre 16 % en 2001. Paris est en train de se vider de sa jeunesse.

Les banlieues populaires, souvent dites « à problèmes »

Comment expliquer la déshérence des banlieues populaires tandis qu'on assiste à une concentration toujours plus grande de création de richesse dans les métropoles ? Tout laisse à penser que leur proximité avec les grands centres urbains devrait leur permettre de redorer progressivement leur image au sein de la société française. Mais rien n'y fait, en dépit des opérations de réhabilitation massives qui se sont succédé depuis trente ans.

Pour le comprendre, il faut d'abord réfuter une idée largement répandue. Non, l'insécurité n'est pas la conséquence de la dégradation sociale des quartiers sensibles, elle est en réalité, avec le développement anarchique de l'économie informelle[1], la principale cause des difficultés des populations qui y vivent et qui n'aspirent qu'à une chose : en partir.

Dans ces quartiers, l'insécurité touche l'ensemble de l'espace public (halls d'immeubles, établissements scolaires et publics, transports qui traversent ces quartiers) et rend la vie impossible à une majorité d'habitants. Dès qu'ils en ont l'occasion, ceux qui le peuvent cherchent alors à s'éloigner. Cette dynamique favorise ainsi le rapprochement géographique des classes moyennes inférieures et des catégories populaires d'origine européenne. Il n'est donc pas surprenant que la France pavillonnaire, celle des espaces périurbains et ruraux, soit de plus en plus clairement associée à celle des classes moyennes. Le seul fait de vivre à l'écart des banlieues sensibles semble participer à la définition d'un statut social[2].

Dans ces conditions, comment expliquer l'augmentation continue du volume des populations dans les banlieues, en dépit d'une image déplorable ? Par une raison simple : les partants ne manquent pas de remplaçants : des ménages précaires succèdent à ceux qui peuvent enfin quitter le quartier. *In fine*, les quartiers sensibles abritent la population la plus mobile de l'Hexagone. Les banlieues sont le sas d'entrée de l'immigration.

Ce phénomène s'accompagne d'une ethnicisation de plus en plus marquée, bien loin du brassage culturel souvent porté par les médias. En réalité, parmi les classes populai-

---
1. Le travail au noir.
2. *Ibid.*, p. 83.

res, seuls les immigrés de première génération souvent d'origine extra-européenne, précarisés et peu qualifiés[1], acceptent de loger dans les HLM de ces quartiers, en dépit d'habitats délabrés et peu sûrs. Les populations d'origine européenne et les immigrés de deuxième génération fuient généralement ces quartiers dits « sensibles » pour retrouver plus de sécurité dans les espaces périurbains accessibles financièrement.

Ces pratiques d'évitement résidentiel participent au renforcement de territoires se définissant de plus en plus selon des critères financiers mais aussi ethniques. Par ailleurs, les métropoles dans lesquelles s'installent les nouveaux arrivants, souvent des immigrés extra-européens, sont des territoires déjà largement mondialisés, où la référence à la nation est faible tout comme le sentiment d'appartenance associé. Ce processus de « mondialisation/dénationalisation » des métropoles crée les conditions idoines du développement du communautarisme dans les quartiers sensibles.

Les répercussions de ce phénomène sur l'immobilier sont implacables : une demande solvable grandissante pour les centres-villes et les zones résidentielles huppées, et une absence permanente de demande solvable pour les logements des quartiers sensibles.

Les zones périurbaines et rurales : les laissés-pour-compte

La paupérisation relative au logement est la première cause d'exode des classes moyennes des métropoles. L'insécurité installée dans certaines grandes banlieues et leur image

---

[1]. Les deux tiers des immigrés arrivant en France ont un niveau d'éducation inférieur au premier cycle des collèges, contre 30 % en Grande-Bretagne et 22 % aux États-Unis.

déplorable dans l'opinion n'ont fait qu'accentuer le phénomène, incitant les classes moyennes populaires traditionnelles, surtout d'origine française ou européenne, à migrer d'abord vers les zones périurbaines puis vers les zones rurales.

Le phénomène d'évitement résidentiel est désormais tellement prononcé qu'il provoque la disparition des territoires de contact dans les grandes métropoles. Par ailleurs, plus les populations concernées s'éloignent, plus leur sentiment de frustration se renforce car elles sont de moins en moins susceptibles de jouir d'infrastructures publiques de qualité.

Les zones périurbaines proches des métropoles

Le haut niveau des prix dans les zones urbaines, conséquence d'une concentration des ménages au pouvoir d'achat élevé, a donc alimenté les phénomènes d'éviction des classes moyennes inférieures (dont les membres gagnent moins de 1 800 euros par mois) qui n'ont plus les moyens d'y habiter. Il a renforcé la concentration de ces mêmes populations dans les régions les moins demandées, mais rarement les banlieues. Pourquoi ? Car la classe moyenne inférieure, qui n'a plus les moyens d'accéder à la propriété, évite le parc social auquel elle a pourtant droit, ne souhaitant pas rejoindre les banlieues où l'insécurité et le communautarisme règnent. Elle s'auto-exclut ainsi des HLM et s'oriente plutôt vers le parc locatif privé, là où pourtant le taux d'effort est plus élevé[1].

Un tel phénomène modifie le paysage urbain français : aujourd'hui, entre 30 % et 40 % de la population vit entre

---

1. Christophe Guilluy, *op. cit.*, p. 80.

ville et campagne, dans des petites maisons, parfois sans voisin direct, cette proportion ne cessant de s'accroître.

Plus on s'éloigne du centre métropolitain, donc du pôle d'attraction et de création de richesses, plus l'isolement des populations est prononcé. Dans le même temps, ces zones ne semblent pas affectées par la hausse des prix de l'immobilier, frappées par un excès d'offre par rapport à la demande. *A contrario*, les zones proches des grands centres urbains, facilement accessibles par les autoroutes, les voies express et les transports publics, sont largement concernées par la migration, l'étalement urbain et la diffusion de la hausse des prix de l'immobilier. Chassées des centres-villes, les classes moyennes, qui font la force de l'économie, vont se réfugier en périphérie. Plus que la hausse des prix immobiliers, ce phénomène génère des dommages substantiels : embouteillages monstres et durées de transport toujours plus longues (qu'ils soient individuels ou collectifs) entraînent également congestion, fatigue, lassitude et perte de productivité chez les individus qui sont soumis à ce rythme. L'activité se concentrant toujours plus dans les centres métropolitains, la nouvelle cartographie française entraîne l'explosion des déplacements pendulaires entre les lieux de résidence et de travail de la France rurale et périurbaine. Or, les revenus des classes moyennes concernées étant souvent faibles, le coût de la mobilité n'en devient que plus élevé et la hausse des prix de l'énergie n'a fait qu'amplifier le problème. Ce phénomène finit par s'auto-alimenter creusant le fossé qui s'est formé entre des métropoles dynamiques économiquement et des banlieues et campagnes qui ne profitent pas de l'accroissement de la création de richesses dans le pays. L'éloignement et le renchérissement du foncier interdisent de plus en plus l'accès à l'offre scolaire et aux emplois des grandes métropoles aux jeunes. Enfin, l'évolution récente des prix de l'immobilier montre que dans un contexte baissier, ce sont les maisons les plus éloignées des grands centres urbains qui perdent le plus vite de la valeur. Inlassablement, le serpent se mord la queue…

Ce sont bien sûr les grandes villes qui attirent le plus grand nombre d'actifs périurbains. En 2007, ils étaient 615 000 à travailler dans Paris et plus de 100 000 dans les villes de Lyon, Lille, Marseille et Toulouse. Parallèlement, une importante population active afflue dans les zones rurales, ce qui induit des transformations de mode de vie et parfois des conflits d'intérêt, voire psychosociologiques, entre ruraux et urbains. Les actifs qui continuent à travailler en ville viennent grossir le flux des migrants quotidiens, contribuant à augmenter indéniablement l'empreinte écologique des métropoles, notamment leurs émissions de gaz à effet de serre et la pollution de l'air (bien que plus riches en espaces verts, les zones périurbaines souffrent également de pics d'ozone parfois plus intenses que dans les centres-villes).

Conséquences électorales et dislocation de la cohésion sociale

La dislocation territoriale auto-alimentée par l'évolution des prix de l'immobilier amène les territoires à « se spécialiser » selon le statut social de l'habitant : les cadres vivent avec les cadres, les ouvriers avec les ouvriers, etc., le dialogue devenant de plus en plus difficile à engager, chacun ayant la sensation de vivre dans une France à plusieurs vitesses. Une telle situation augmente indéniablement la probabilité de voir surgir des ruptures sur le territoire, d'ordre politique ou social, dans un avenir proche.

Ainsi, les résultats électoraux sont-ils de plus en plus le reflet de ces nouvelles oppositions socio-territoriales de la société française. La fameuse opposition entre ville et campagne[1] qui a longtemps prévalu, n'est donc plus opérationnelle aujourd'hui. De même, la vision ancienne qui opposait les quartiers ouvriers et les régions industrielles aux quartiers bourgeois et aux régions tertiarisées, ne fonctionne plus depuis le début des années 1980.

L'analyse de Jérôme Fourquet, directeur du département d'opinion de l'IFOP dans son livre *Le sens des cartes, analyse sur la géographie des votes à la présidentielle*[2] va dans ce sens. Les résultats des votes du premier tour des présidentielles de 2012 sont révélateurs de cette nouvelle cartographie de l'habitat et de la sociologie du territoire français. L'analyse a été réalisée en fonction de la distance des logements par rapport au centre des grandes agglomérations. Le vote Front national augmente de façon spectaculaire en fonction de la distance du logement au centre-ville. Il est surreprésenté dans le grand « périurbain » à une distance du centre-ville de l'ordre de 40 à 50 km.

À l'inverse, le vote frontiste a reculé fortement dans les grandes métropoles du fait de l'accroissement en centre-ville des catégories socioprofessionnelles les plus favorisées et les plus diplômées.

---

1. Christophe Guilly, *op. cit.*, p. 18.
2. Jérôme Fourquet, directeur du département d'opinion de l'IFOP, *Le sens des cartes, analyse sur la géographie des votes à la présidentielle*, Jean-Jaurès Fondation, 2012.

Un impact social majeur

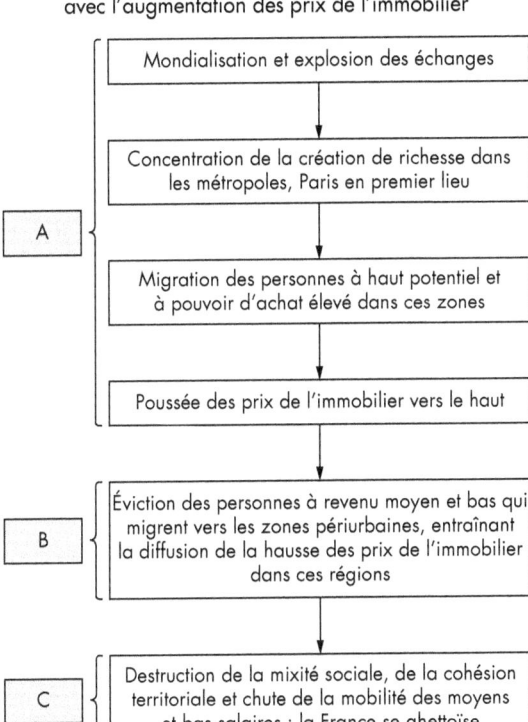

Figure 21 – Effondrement de la mixité sociale en lien avec l'augmentation des prix de l'immobilier

Le processus de dislocation territorial est donc très avancé en France... Il sera bien difficile de revenir en arrière : la mobilité résidentielle des habitants des espaces ruraux et périurbains (qui concentre la majorité de la population) est malheureusement très faible. Elle y est aujourd'hui inférieure en moyenne de 15 points par rapport à celui des grandes villes et de 20 points par rapport aux banlieues et quartiers sensibles. Cette sédentarisation est le fait d'un taux élevé de ménages propriétaires et du nombre important de ménages modestes ou précaires. L'évolution des prix du foncier a sédentarisé la majorité des ménages de la France périphérique. L'accélération de la baisse des prix de l'immobilier, conjuguée à une augmentation très élevée de l'endettement des ménages, devrait entraîner une régression supplémentaire de la mobilité résidentielle et sociale de ces populations fragiles et pourtant majoritaires[1].

LE COMPORTEMENT HUMAIN ET SON IMPACT SUR LE LOGEMENT

L'étude du comportement humain permet de mesurer à quel point celui-ci est dépendant de l'environnement. L'anorexie en est un exemple très marquant[2]. Cette maladie psychologique de l'alimentation mène souvent à la mort dans nos pays développés, alors qu'elle est quasi inexistante dans les pays communistes. De même, elle disparaît dès les premières restrictions alimentaires en tant de guerre. Ce comportement alimentaire touche bien plus les classes riches que les classes pauvres : il y a seize fois plus de cas d'anorexie dans les écoles privées que dans les écoles publiques. Cet exemple montre à quel point l'environnement peut influer sur le comportement et façonner la psychologie des êtres humains. C'est bien sûr le cas de l'urbanisme qui peut faire éclore de nombreuses déviances psychosociales.

Boris Cyrulnik, dans son livre *Mémoires de singe et paroles d'homme*, démontre l'importance de l'éthologie comme

---

1. *Ibid.*, p. 122.
2. Boris Cyrulnik, *Mémoires de singe et paroles d'homme*, Hachette Littérature, 1998, p. 287.

méthode de compréhension du comportement humain. L'éthologie nous offre en effet des hypothèses de recherche inspirées par le monde animal. Certes, un comportement observé chez l'animal n'est pas de même nature que chez l'homme. Cependant, le modèle comparatif est précieux puisqu'il favorise la prise de conscience de certains comportements humains excessifs. Il peut être répondu que « l'homme n'est pas un animal[1]. », mais il ne faut pas confondre analogie et méthode comparative. Jamais un éthologue ne pensera qu'un comportement animal observé est de même nature qu'un comportement humain. Les animaux nous offrent cet artifice comparatif qui favorise la prise de conscience.

À partir d'une expérience réalisée par le chercheur John B. Calhoun sur des rats[2], Cyrulnik décrit « comment l'environnement architectural, par ses pressions spatiales, donne forme aux organisations sociales ». L'analogie audacieuse entre le comportement des rats et l'homme peut choquer mais elle reste instructive car l'éthologie étudie les comportements qui caractérisent l'espèce et sa manière de vivre dans un milieu donné. Cette attitude interdit d'extrapoler du rat au singe. À plus forte raison, les psychologues ou les sociologues inspirés par les animaux ne pourront pas passer simplement du rat à l'humain. « Ce modèle comparatif reste cependant précieux puisqu'on ne peut se penser soi-même en termes scientifiques[3] », ajoute Cyrulnik.

---

1. *Ibid.*, p 15.
2. Pour un descriptif complet de l'expérience, se reporter à *Mémoires de singe et paroles d'homme*, Boris Cyrulnik, Édition Pluriel, p. 274 et 275.
3. *Ibid.*, p. 20 et 21.

Cyrulnik dresse ainsi un parallèle entre cette expérience (voir encadré ci-après) et les comportements humains dans les tours d'habitation. « Comme chez les rats, l'architecture induit des conduites et des organisations socioculturelles qui favorisent les groupes archaïques et relèvent des ruptures écologiques. » Les immeubles d'habitations trop grands ne semblent ainsi pas faits pour les humains et de nombreux troubles psychosociaux s'y développent.

Certaines personnes se plaisent dans ces tours confortables et anonymes car elles y trouvent leur besoin intime de se libérer des pressions du groupe. Mais au niveau relationnel, les conséquences peuvent être catastrophiques. Isolés dans ces ensembles bien trop grands, d'un niveau de vie social comparable, les individus sont confrontés à de graves difficultés de dialogue avec les autres communautés, provoquant par moment des situations de rupture (violences, dégradations…).

Dans les immeubles à haut niveau socio-économique, le logement est associé à la réussite sociale. Dans les cités défavorisées, l'habitat devient un symbole d'humiliation pour certaines personnes qui font tout pour dégrader ce lieu d'hostilité alors que dans un environnement à haut niveau socio-économique, les habitants se sentant valorisés, la violence est moins fréquente.

Avec Le Corbusier, l'expérience de Calhoun sur les rats a été transposée aux humains[1]. Le Corbusier a mis son génie « au service d'une conception économique et idéologique moderne : comment utiliser l'espace au sol pour réduire le coût de la construction. Les tours qui résultent

---

1. *Ibid.*, p. 275

de cette démarche inspirent des fantasmes variés qui vont de la justification esthétique au triomphe métaphysique ». On connaît le résultat aujourd'hui de ces grands ensembles qui ne sont pas fait pour les humains : affections ORL, troubles psychosociaux... La pression de l'architecture, comme dans l'expérience de Calhoun, induit sur le plan social des comportements et des organisations socio-culturelles qui favorisent les groupes archaïques et les clans.

Au-delà de 200 personnes, aucun groupe humain ne peut fonctionner convenablement, ce qui va à l'encontre de l'urbanisme vertical, affirme Cl. Leroy[1] dans son laboratoire d'écoéthologie, car le groupe perd son identité. La communication non verbale et la parole y sont impossibles. Les réactions d'adaptation sont toujours les mêmes : fuite, conflits et démission. Dans un immeuble dont les habitants déménagent sans cesse, la réaction d'opposition est courante. En quête d'identité, des bandes se forment dont certaines agressent les autres. En s'isolant du reste de la société, ces groupes délinquants se cherchent une légitimité pour mieux l'agresser. Plus on grimpe dans les étages de ces grandes barres d'habitation, plus les enfants souffrent de troubles psychiques. Plus les espaces de la ville sont anonymes, plus ils sont souillés de tags.

À l'inverse, dans des ensembles hétérogènes, la tolérance se développe naturellement : il y a très peu de délinquance dans les villages (urbanisme horizontal). Aussi, les quartiers des villes qui sélectionnent des groupes trop uniformes, voient-ils les conflits se multiplier. En l'absence de person-

---

1. *Ibid.*, p. 276

nalisation des lieux, l'angoisse monte chez les habitants qui, pour s'apaiser, ont recours au vandalisme ou aux graffitis.

Au final, les gens fuient ces zones de non-droit, quand ils le peuvent, et cherchent à satisfaire ailleurs leur désir de devenir propriétaire. Cela a été noté précédemment, le taux de mobilité de ces lieux d'habitation dépersonnalisés est trois à quatre fois supérieur à celui des autres régions de France.

Dans ces conditions, le prix des logements reste particulièrement bas et l'espoir d'une plus-value quasi nul, à l'opposé des centres-villes des grandes métropoles qui voient leurs prix s'envoler et le pouvoir d'achat de leurs populations suivre la même trajectoire ascendante.

> ## L'influence de l'habitat sur le comportement des rats[1]
>
> Pour recréer de manière expérimentale les conditions de vie en appartement, l'expérimentateur a installé une colonie de 80 rats dans une enfilade de quatre pièces. Les pièces 2 et 3 constituent un lieu de passage, alors que les pièces extrêmes 1 et 4 forment un cul de sac. Rapidement un mâle dominant prend le contrôle dans chacune des pièces 1 et 4. Il s'installe sur la zone de passage avec les pièces voisines (2 ou 3) et filtre les congénères qui acceptent la hiérarchie établie. Dans ces pièces en cul de sac, les animaux se développent de manière harmonieuse et sans conflit. Les femelles construisent des nids et s'occupent de leurs petits. L'espérance de vie est élevée et la mortalité infantile faible.
>
> Dans les pièces intermédiaires 2 et 3, se rassemblent les individus qui n'ont ni les capacités pour dominer ni celles pour accepter la soumission nécessaire à l'intégration dans un groupe dominé par un mâle. Cette sélection d'individus favorise l'installation de relations très différentes, dans une ambiance très conflic-

---

1. Boris Cyrulnik, *Mémoires de singe et paroles d'homme*, Hachette Littérature, 1998, p. 274.

tuelle. Les femelles construisent mal leur nid et s'occupent mal de leur petits qui déambulent seuls, et se font parfois manger par les mâles. C'est durant leurs chaleurs qu'elles subissent leurs pires moments, harcelées par les mâles encore stimulés qui les grimpent à tour de rôle sans respecter les rituels sexuels et les laisser se reposer. La plupart des mâles, cependant, finissent par perdre toute sensibilité aux stimuli sociaux, même sexuels : ils passent leur existence focalisés sur leur toilettage et la nourriture, deviennent gras et lustrés.

Un autre exemple démontre bien le lien entre l'environnement urbain et une maladie mentale de plus en plus présente dans nos sociétés : la schizophrénie. Cette maladie provoque un fractionnement entre l'esprit et le monde réel qui l'entoure[1]. Cette pathologie est abondante dans les banlieues et très peu représentée dans les centres-villes. La répartition géographique des pathologies psychologiques peut donc refléter les pressions compétitives exercées par notre type de société désocialisant.

VERS UN CONFLIT DE GÉNÉRATIONS ?

Depuis l'avènement du baby boom, le destin des générations ne cesse de se dégrader. L'accès à l'emploi, le niveau des salaires, l'accès à la propriété, bien sûr, l'accumulation du patrimoine… tout atteste que les trajectoires sont de plus en plus heurtées et que le mouvement d'ascension sociale (individuelle et intergénérationnelle) n'est plus la norme qu'il était autrefois[2].

Dans les années à venir va se poser la question de la transmission du patrimoine accumulé, comme jamais aupara-

---

1. *Ibid.*, p. 158.
2. Mickaël Mangot, *Les générations déshéritées*, Eyrolles, 2012 p. 11.

vant, par la génération du baby boom à celle de ses enfants. Le renchérissement de l'immobilier au fil des générations se retrouve dans les taux de propriété. Le taux de propriétaires aux différents moments de la vie a progressé continument depuis les cohortes nées à la fin du XIXe siècle jusqu'à celles nées dans les années 1940 et 1950 mais affiche depuis une évolution nettement moins évidente. Par exemple, le taux de propriété a fortement progressé chez les personnes âgées : chez les plus de 70 ans, il atteint aujourd'hui 73 % contre 60 % seulement en 1984.

Une chose est sûre : les enfants des baby-boomers n'auront pas les moyens de racheter à leurs aînés leur patrimoine au prix du marché actuel. Selon l'INSEE, fin 2009, le patrimoine moyen des Français âgés de 60 à 69 ans s'établissait à 358 900 euros, contre 53 900 euros lorsque le chef de famille avait moins de 30 ans. Ainsi, avec le vieillissement de notre société, se prépare une véritable bombe intergénérationnelle, que les autorités devront absolument désamorcer sous peine de rupture sociale ou politique.

L'envolée des prix a donc creusé un peu plus le fossé entre les seniors et les jeunes, ces derniers ayant de plus en plus de mal à trouver un logement et un travail stable. Dans l'incapacité de louer dans des conditions normales car ils ne disposent pas de garanties suffisantes, ils sont surtout complètement exclus de l'accession à la propriété. Le taux de chômage des jeunes a été multiplié par quatre depuis les Trente Glorieuses (23 %) et le taux d'effort pour se loger par deux (25 %). Le marché du travail est de plus en plus clivé entre le contrat à durée indéterminée, protecteur pour les plus vieux, et le contrat à durée déterminée, source de précarité pour les jeunes.

Face à une société de rentiers, les jeunes générations sont dans l'incapacité d'envisager une mobilité intergénérationnelle, c'est-à-dire la possibilité de s'enrichir par rapport à leurs parents. Le risque de déclassement a été multiplié par un et demi depuis la fin des années 1970. À cet égard, on remarque que la part de la richesse héritée dans la richesse totale a quasiment regagné son niveau du début du XXe siècle (environ 20 %)[1].

La situation actuelle est un non-sens, puisqu'on orchestre une redistribution des jeunes actifs pauvres vers des retraités riches, à un moment où l'envolée des prix immobiliers entraîne elle aussi un transfert massif d'argent des jeunes actifs (locataires et primo-accédants) vers les seniors. L'arrivée à la retraite des baby-boomers offre une fenêtre de tir unique et inédite pour modifier en profondeur le système fiscal et social français[2].

Il s'agit en effet de mettre fin à une situation fiscale totalement déséquilibrée entre un travail surtaxé et un patrimoine immobilier largement exonéré. Dans un tel système fiscal, l'enrichissement des familles ne passe pas par les revenus du travail mais par la valorisation d'un patrimoine immobilier appelé à être transmis de génération en génération. Or, la conjoncture économique n'est pas de nature à faire évoluer cette situation sans l'appui d'une réforme de fond. Plus la croissance économique est faible, moins les revenus du travail sont en mesure d'enrayer la reproduction intergénérationnelle des inégalités sociales. Augmenter la pression fiscale sur le patrimoine

---

1. Camille Landais, propos recueillis par Clément Lacombe et Virginie Malingre, « Le retour à une société de rentiers est une menace réelle », *Le Monde*, 7 avril 2012.
2. Mickaël Mangot, *op. cit.*, p. 36.

immobilier et, simultanément, diminuer la fiscalité du travail constitueraient un signal fort en direction des jeunes en leur offrant un horizon d'enrichissement personnel par le travail plutôt que par la transmission patrimoniale.

Face à cela, l'anxiété des seniors est compréhensible : comment feront-ils face aux dépenses inhérentes à leur propre vieillissement ? Individuellement, ils n'ont pas la sensation d'avoir davantage profité des bienfaits de la société que les générations précédentes. Cela traduit également un phénomène relativement récent de destruction de la solidarité intergénérationnelle, voire de la confiance intergénérationnelle. Les seniors ne semblent plus faire confiance à leurs enfants et petits-enfants pour prendre soin d'eux, leur assurer une fin de vie digne. D'où cette impression de repli sur soi et de refus de céder ce qu'ils ont accumulé, du temps de leur activité. C'est là qu'il faut sans doute travailler pour les rassurer. Si de telles mesures sont indispensables pour libérer l'épargne des jeunes afin que ces derniers puissent mieux subvenir aux besoins de leurs parents, il faut se prémunir contre les abandons : les réformes devront durcir la loi pour responsabiliser davantage les enfants et petits-enfants afin d'assurer une fin de vie de qualité pour leurs parents.

Au-delà de l'aspect purement économique, cela permettrait ainsi de redonner du liant dans la société et de combler le fossé intergénérationnel qui ne cesse de se creuser.

La liquidation du patrimoine des seniors infléchira les prix de l'immobilier

Quelles que soient les réformes envisagées, la paupérisation des futurs retraités *via* l'inévitable baisse relative des pensions aura un double impact : d'une part, une proportion de plus en plus importante d'entre eux restera au travail si elle le peut ; d'autre part, une majorité sera contrainte, pour maintenir son niveau de vie, de liquider une partie de son patrimoine. Or l'immobilier y occupe une part telle, qu'il faut donc s'attendre à un surplus d'offre mise sur le marché, directement ou sous forme de viager.

Le viager constitue une solution idoine en libérant pour le senior une capacité de financement importante sans toucher à son niveau de vie. Méconnu en France et souffrant d'une mauvaise réputation, le viager immobilier est pourtant un mécanisme particulièrement approprié pour offrir aux seniors des revenus complémentaires, ainsi qu'une soulte qu'ils peuvent transmettre à leurs descendants bien avant l'heure du décès, tout en leur permettant de vivre dans leur logement. Pour l'acheteur, le viager permet d'investir dans l'immobilier avec un coût d'entrée moindre et sans venir augmenter la demande sur un marché déjà tendu[1].

Les réformes proposées permettraient d'asseoir un cycle de vie différent où les termes économiques de la période d'activité seraient améliorés et ceux de la période de retraite un peu moins favorables. Autrement dit, de faire en sorte que chaque individu paie moins pendant ses années d'activité et davantage pendant ses années de retraite[2].

Autre fracture, autre traumatisme, cette dislocation de la richesse intergénérationnelle vient s'ajouter à tous les autres signes d'une prochaine rupture dans l'Hexagone.

---
1. *Ibid.*, p. 130.
2. *Ibid.*, p. 125.

Le boom de l'immobilier est donc bien à l'origine d'une nouvelle fracture sociale entre propriétaires et locataires. Les derniers chiffres de l'INSEE, qui reprennent l'évolution du patrimoine net des ménages (actifs moins endettement) sont éloquents : entre 1997 (point bas du marché immobilier) et 2009, la masse du patrimoine des Français a quasiment doublé, alors que celle du niveau de vie a été multipliée par 1,3, en euros constants. C'est bien sûr la part de l'immobilier dans le total du patrimoine qui a le plus contribué à cette hausse. Les inégalités se sont creusées à la fois côté patrimoine et côté revenus : les 10 % des ménages les mieux dotés en patrimoine détiennent près de la moitié de l'ensemble du patrimoine des Français quand les 10 % les plus aisés concentrent près d'un quart de la masse des niveaux de vie. Ces 10 % des ménages les mieux dotés possèdent trente-cinq fois plus de patrimoine que les 50 % des ménages les moins bien dotés. L'écart n'était que de trente fois 12 ans plus tôt[1].

Le statut de propriétaire est ainsi devenu en 20 ans un marqueur social aussi important que le revenu, l'un allant de pair avec l'autre.

---

1. Frédéric Schaeffer, « Les inégalités de patrimoine se sont creusées avec l'envol de l'immobilier », *Les Échos*, 28 novembre 2012, p. 5.

PARTIE 2

PEUT-ON ENCORE INVESTIR DANS L'IMMOBILIER ?

Chapitre 5

Quelle sera l'ampleur de la baisse ?

Des repères pour éviter de se faire piéger

L'immobilier se distingue nettement des autres classes d'actifs, car il touche une majorité de la population alors que les actions, les obligations ou encore les changes et les matières premières ne concernent qu'une catégorie d'investisseurs représentant au grand maximum 20 % de la population. Cette particularité maintient le marché immobilier dans une inertie bien plus forte que celle des autres classes d'actifs qui s'ajustent beaucoup plus rapidement. À cela s'ajoutent une moindre diffusion de l'information auprès des investisseurs de ce secteur ainsi qu'un degré plus faible de professionnalisation du métier et des données disponibles à son sujet. La baisse semble néanmoins amorcée dans le secteur aujourd'hui. Jusqu'où le repli peut-il aller ? À tous ceux qui souhaitent investir dans la pierre, nous proposons d'apporter une réponse en nous fondant sur un rapprochement entre les prix de l'immobilier et les fondamentaux économiques (les revenus des ménages ou encore l'inflation), selon quatre approches différentes mais concordantes en termes de résultats.

APPROCHE 1 : RETOUR À LA MOYENNE DU RATIO PRIX/REVENU

Nous l'avons déjà évoqué, la bulle immobilière actuelle est caractérisée par une décorrélation inédite entre prix de l'immobilier et revenu disponible des ménages. L'écart entre le niveau actuel du ratio et sa moyenne historique est ainsi de 90 % pour l'ensemble de la France, cet écart atteignant 160 % à Paris, contre 78 % en province.

Pour que les prix des logements retrouvent leur tendance de long terme, il faudra donc qu'ils reviennent en phase avec celle du revenu disponible brut. Dans la mesure où il n'y a pas de surendettement des ménages français, comme cela a pu être le cas aux États-Unis ou en Espagne de 2000 à 2008, nous prévoyons une baisse des prix de l'immobilier moins brutale et plus progressive… mais qui durera longtemps[1]. Ainsi, en prenant comme référence la durée de la dernière baisse de l'immobilier (de 1991 à 1998) et en faisant l'hypothèse d'une croissance moyenne du revenu disponible brut de + 1,5 % par an sur les sept prochaines années, il faudrait que le marché immobilier baisse de − 42 % sur cette même période pour revenir dans son tunnel initial, soit un recul annuel de − 7,4 % jusqu'en 2019. En prenant comme hypothèse une hausse annualisée de + 2 % du revenu disponible sur 10 ans, la baisse des prix de l'immobilier devrait alors atteindre environ − 4,3 % par an.

Enfin, en faisant l'hypothèse d'une stabilisation des prix de l'immobilier et d'une hausse annuelle des revenus de + 1,5 %, il faudrait attendre près de 43 ans pour retrouver

---

1. Seules des prises de décisions politiques maladroites engendrant un mouvement de panique chez les ménages seraient susceptibles de provoquer un véritable krach. Ce n'est toutefois pas notre scénario central.

la tendance de long terme du ratio prix immobilier/revenu (32 ans si les revenus progressaient de + 2 % par an). Ce scénario n'est évidemment pas le plus probable.

APPROCHE 2 : RETOUR À LA MOYENNE DES PRIX DÉFLATÉS

Entre 1960 et 1998, l'indice du prix de l'immobilier corrigé de l'inflation progressait à un rythme annuel moyen de + 0,7 %. Le prix du logement a ensuite accéléré par rapport à l'inflation, jusqu'à ce que l'écart entre le prix déflaté en 2012 et le prix déflaté (corrigé de l'inflation) théorique (calculé en prolongeant la tendance historique de + 0,7 % par an) atteigne 80 %.

Avec comme hypothèse une inflation annuelle de + 1,5 %, les prix de l'immobilier devraient ainsi reculer de − 38,3 % sur sept ans, soit − 6,7 % par an, pour revenir à la tendance historique des prix déflatés. Ces chiffres ne sont pas aberrants car ils sont proches de la correction qui a eu lieu en Île-de-France entre 1990 et 1998.

APPROCHE 3 : RETOUR À LA PRIME DE RISQUE HISTORIQUE

La prime de risque[1] d'un investissement locatif (hors plus-value éventuelle sur le bien) sur le marché immobilier français est historiquement comprise entre 2 % et 2,2 % (sur la période 1965-1998, hors années d'hyperinflation). Or, cette prime de risque se trouve à un niveau

---

1. La prime de risque désigne un supplément de rendement exigé par un investisseur afin de compenser un niveau de risque supérieur plus élevé d'un investissement par rapport à un autre.

Simulation d'un retour à la tendance de long terme du ratio prix immobilier/RDB[a] par une baisse des prix avec une hypothèse de croissance du RDB de + 1,5 % par an (France)

Nombre d'années	1	2	3	4	5	6	7	8	9	10
Variation de prix pour ramener l'indice prix/RDB à sa tendance historique	−46,6 %	−45,8 %	−45 %	−44,1 %	−43,3 %	−42,5 %	−41,6 %	−40,7 %	−39,8 %	−38,9 %
Variation annuelle moyenne des prix	−46,6 %	−26,4 %	−18,1 %	−13,5 %	−10,7 %	−8,8 %	−7,4 %	−6,3 %	−5,5 %	−4,8 %

a. RDB : revenu disponible brut.

Simulation d'un retour à la tendance de long terme du ratio prix immobilier/inflation par une baisse des prix avec une hypothèse d'inflation de 1,5 % par an (France) par rapport aux prix de 2012

Nombre d'années	1	2	3	4	5	6	7	8	9	10
Variation de prix pour ramener l'indice prix/inflation à sa tendance historique	−43,6 %	−42,8 %	−41,9 %	−41 %	−40,2 %	−39,3 %	−38,3 %	−37,4 %	−36,5 %	−35,5 %
Variation annuelle moyenne des prix	−43,6 %	−24,3 %	−16,6 %	−12,4 %	−9,8 %	−8 %	−6,7 %	−5,7 %	−4,9 %	−4,3 %

inférieur à 2 % depuis 2004, atteignant même moins de 0,5 % en 2007/2008. Nous calculons donc la variation de prix nécessaire pour un retour à une prime de risque de 2 %, selon les conditions de taux sans risque et de rendement locatif.

En prenant en compte un investissement sur 10 ans avec une progression des loyers de 1 % par an et un rendement locatif brut de 4 %, il faudrait alors une baisse du prix de l'immobilier de l'ordre de − 25 % pour retrouver la prime de risque historique médiane de 2 % par rapport à un taux sans risque de 2,5 %, qui correspond au taux des emprunts d'État à 10 ans (le taux à 10 ans des emprunts d'État français se situant aujourd'hui autour de 2,3 %). Si ce taux sans risque repassait à 3,5 % (où il se situait en 2012), il faudrait alors envisager une baisse de − 38 %.

Évolution des prix en fonction des hypothèses de rendement locatif brut et du niveau des taux d'intérêt à 10 ans des emprunts d'État

		Rendement locatif brut constaté[a]				
		3 %	3,5 %	4 %	4,5 %	5 %
Hypothèses sur le taux sans risque (taux longs des emprunts d'État)	2,5 %	2,5 %	− 35,5 %	− 24,8 %	− 14 %	− 3,3 %
	3 %	3 %	− 41,9 %	− 32,2 %	− 22,5 %	− 12,8 %
	3,5 %	3,5 %	− 47,1 %	− 38,3 %	− 29,4 %	− 20,6 %
	4 %	4 %	− 51,4 %	− 43,3 %	− 35,2 %	− 27,1 %
	4,5 %	− 55,09 %	− 47,60 %	− 40,11 %	− 32,63 %	− 25,14 %

a. *Rendement locatif brut = loyer/prix des logements.*

Dans cette méthodologie, la fourchette de baisse est plus large, allant de − 20 % à − 47 % selon les hypothèses retenues pour le rendement locatif actuel (entre 3,5 % et 4,5 %) et pour les taux sans risque (entre 3 % et 3,5 %).

Comment calculer la prime de risque d'un investissement immobilier ?

La prime de risque (hors dépréciation ou appréciation du bien) d'un investissement immobilier se calcule à partir de la formule de Gordon et Shapiro :

$$P/D = 1/(i + R - G)$$

P = prix moyen d'acquisition d'un mètre carré
D = loyer moyen d'un mètre carré
i = rendement nominal d'une obligation d'État à 10 ans
R = prime de risque
G = taux de croissance annuel moyen des loyers

APPROCHE 4 : VARIATION DU PRIX NÉCESSAIRE POUR L'ACHAT D'UNE SURFACE MOYENNE PAR UN REVENU MÉDIAN

Prenons par exemple la situation d'un acheteur souhaitant acquérir une surface de 70 m^2 à Paris ou 90 m^2 en province. Calculons le montant dont peut disposer l'acquéreur pour cet achat, à partir de ses revenus, en considérant que la part de ses revenus qu'il consacre au remboursement (un tiers) lui permet de rembourser un emprunt d'un montant équivalent à 70 % du prix du bien sur 20 ans. Comparons ensuite le prix au mètre carré que peut payer l'acheteur au prix réel au mètre carré du bien. Nous en déduisons alors la variation de prix potentielle pour que le bien soit accessible à l'acheteur.

Méthodologie illustrée

Dans les Alpes Maritimes, le revenu médian autorise une capacité d'achat de 173 000 euros (avec un apport de 51 900 euros et un emprunt de 121 100 euros sur 20 ans, à 3,3 %), soit 1 923 euros/m^2 pour une maison de 90 m^2. Or, le prix du mètre carré constaté pour une maison dans ce département est de 4 128 euros/m^2. Il faudrait donc une baisse des prix de – 53 % pour qu'un revenu médian puisse acheter le bien voulu.

La hausse généralisée des prix immobiliers a eu des effets très contrastés sur la capacité d'achat des Français : elle a rendu quasi impossible l'accès à la propriété pour les habitants d'Île-de-France, de la région PACA, de la côte Atlantique (voir cartes ci-après). Partout ailleurs, le revenu médian local permet encore d'accéder à la propriété (dans les conditions de financements de notre hypothèse). Dans les zones les plus défavorisées, l'absence de travail a fait fuir les habitants vers les zones urbaines. Du même coup, les territoires ruraux sont nombreux à présenter dès aujourd'hui un excès d'offre par rapport à la demande… et ce n'est pas prêt de changer compte tenu du vieillissement accéléré des populations concernées. La baisse des prix associée a redonné artificiellement du pouvoir d'achat aux habitants qui sont restés.

Pour qu'un revenu médian puisse acheter à Paris un logement de 70 m^2, c'est une autre affaire : les prix de l'immobilier devraient perdre au minimum 60 % de leur valeur dans la capitale pour redevenir accessibles à la population. Le marché parisien n'a plus aucun lien avec le logement de ses habitants : c'est un marché largement spéculatif.

Quelles que soit les méthodes retenues pour l'évaluation de l'immobilier en France, on constate une surévaluation chronique comprise entre 20 % et 40 % du prix des biens.

La France peut-elle rester une exception mondiale ?

Jusqu'à présent, les défenseurs d'un maintien des prix de l'immobilier ont campé sur leur position au nom de « l'exception française ». Il est vrai que cette expression est plus valable que jamais : si la hausse des prix a été d'une ampleur remarquable dans tous les pays industrialisés depuis le milieu des années 1990 jusqu'à ces derniers

108 Partie 2. Peut-on encore investir dans l'immobilier ?

Figure 22 – Baisse des prix nécessaire pour qu'un revenu médian puisse acheter un 90 m² (France)

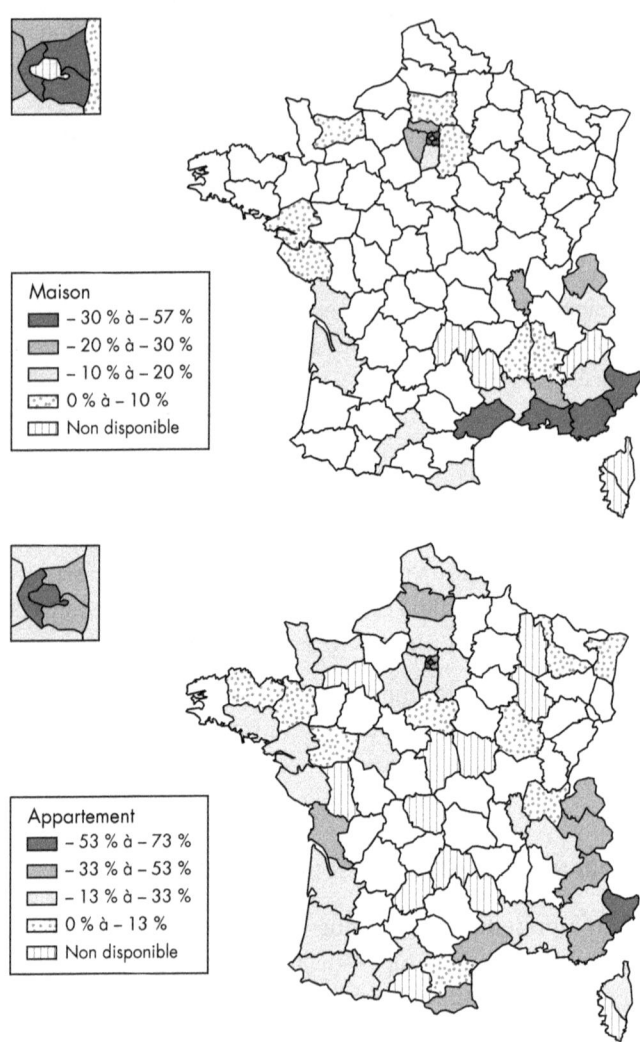

Maison
- – 30 % à – 57 %
- – 20 % à – 30 %
- – 10 % à – 20 %
- 0 % à – 10 %
- Non disponible

Appartement
- – 53 % à – 73 %
- – 33 % à – 53 %
- – 13 % à – 33 %
- 0 % à – 13 %
- Non disponible

Remarque : dans les départements signalés en blanc, le revenu médian peut acheter un bien de 90 m² aux conditions de financement évoquées. En hachuré : données non disponibles.

Figure 23 – Baisse des prix nécessaire pour qu'un revenu médian puisse acheter un 70 m² (Paris)

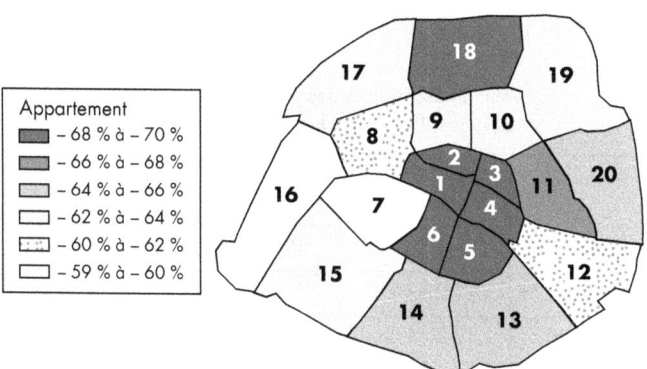

temps (+ 144 % aux États-Unis, + 262 % au Royaume-Uni et + 226 % en Espagne), seule la France n'a toujours pas connu de recul significatif des prix de l'immobilier. Ailleurs, la baisse a atteint − 21 % outre-Manche (avec aujourd'hui une reprise du marché du fait d'une politique monétaire particulièrement accommodante de la Banque d'Angleterre), − 28 % en Espagne (la baisse n'est pas finie) et − 35 % aux États-Unis (avec une reprise après le point bas atteint en 2012), tandis qu'en France, les prix se situent toujours au-dessus ou très près de leur niveau de 2008 (30 % au-dessus à Paris, − 3,9 % en dessous en province). Ce phénomène conforte les optimistes qui trouvent dans cette résistance unique au monde la justification de leur point de vue. La situation actuelle n'a pourtant rien d'inédit. En 2005, David A. Lereah, alors économiste en chef de l'association nationale des agents immobiliers aux États-Unis[1] déclarait : « Il n'y a pas de

---

1. National Association of Realtors (NAR).

bulle sur le marché immobilier national. Il est ridicule d'évoquer son effondrement »... Rétrospectivement, ce jugement prête à sourire...

Évolution des indices des prix de l'immobilier :
Espagne, Royaume-Uni, États-Unis, France

	De 1995 au point haut	Point haut	Du point haut au point bas
Espagne	+ 226 %	Mars 2008	– 28 %
Royaume-Uni	+ 262 %	Octobre 2007	– 21 %
États-Unis	+ 144 %	Juin 2006	– 35 %
France	+ 170 %	Mi-2011	?

Si l'on considère cette fois l'évolution du ratio prix/revenu au cours des quinze dernières années, les conclusions sont là encore similaires : après avoir expérimenté un cycle de hausse substantielle, la chute a été massive que ce soit au Royaume-Uni (– 32 %), en Espagne (– 28 %) ou encore aux États-Unis (– 40 %). Cette observation renforce notre conviction que ce ratio convergera vers sa moyenne de long terme, retournant ainsi dans son canal historique.

Évolution des indices des prix de l'immobilier rapportés au revenu disponible par ménage :
Espagne, Royaume-Uni, États-Unis, France

	De 1995 au point haut	Point haut	Du point haut au point bas
Espagne	+ 28 %	Décembre 2006	– 28 %
Royaume-Uni	+ 128 %	Septembre 2007	– 32 %
États-Unis	+ 50 %	Décembre 2005	– 40 %
France	+ 90 %	Fin 2011	?

Autre marché immobilier ayant subi une correction de grande ampleur après une envolée spectaculaire : celui du Japon. Empêtrés dans une crise due au surendettement privé puis public – renforcée par l'accélération du vieillissement de la population à partir du milieu des années 1990 –, les prix de l'immobilier nippon se situent aujourd'hui près de 68 % en deçà de leur niveau de 1991... La France paraît donc bien esseulée dans cet environnement de morosité généralisée.

Ces exemples sont les plus récents et les plus marquants, mais les comparables internationaux en matière de bulle immobilière ne manquent pas. Une étude de Kenneth Rogoff et Carmen Reinhart[1] nous indique d'ailleurs que l'intensité moyenne de la baisse des prix observée lors de l'éclatement d'une bulle est de l'ordre de – 35 % sur une durée de six ans. La plupart des crises durent de quatre à huit ans et impliquent une baisse comprise entre – 20 % et – 50 %. Rien d'exceptionnel donc dans les prévisions fournies plus haut concernant le cas français...

---

1. Kenneth Rogoff and Carmen Reinhar, *This time is different: Eight Centuries of Financial Folly*, Princeton University Press, 2009.

Chapitre 6

Résidence principale : location ou achat ?

Pourquoi il vaut mieux acheter au Mans ou à Limoges qu'à Paris, Lyon ou Amiens

ACHETER OU LOUER SA RÉSIDENCE PRINCIPALE : QUEL CALCUL ?

Nos conclusions sur l'évolution des prix de l'immobilier sont sans appel : tant pour des raisons conjoncturelles que structurelles, les prix baisseront d'au moins − 30 % par rapport à leur sommet de 2011 durant les cinq à dix ans à venir.

Dans ce cadre, faut-il acheter sa résidence principale ou la louer ? Une très grande majorité de la population semble toujours convaincue qu'être propriétaire reste plus rentable sur le long terme… pas si sûr !

Pour répondre à cette question, il est intéressant de calculer le temps nécessaire pour rentabiliser l'achat de sa résidence principale par rapport à la location, selon que l'on est primo-accédant, secundo-accédant ou que l'on possède la totalité de la somme nécessaire à l'acquisition du bien, et cela à Paris, par arrondissements, par départements et par grandes métropoles.

Quelles charges prendre en compte ?

Pour évaluer l'intérêt d'acheter ou de louer sa résidence principale, il faut d'abord répertorier les charges inhérentes au statut de propriétaire et de locataire, dont voici l'essentiel :

Figure 24 – Comparaison des charges d'un propriétaire et d'un locataire (hors frais au moment de l'achat)

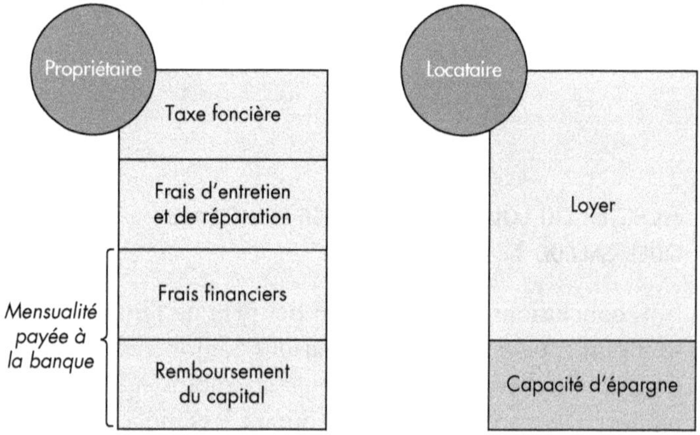

Propriétaire
- Taxe foncière
- Frais d'entretien et de réparation
- Frais financiers } Mensualité payée à la banque
- Remboursement du capital

Locataire
- Loyer
- Capacité d'épargne

Les charges engendrées par l'accès à la propriété sont de deux types : les frais liés à l'acquisition elle-même, et ceux inhérents à la propriété. À la différence du locataire, le propriétaire doit en effet s'acquitter des frais de notaire (évalués ici à 7 %) et des frais d'agence (évalués ici à 5 %) au moment de l'acquisition du bien, puis des mensualités liées au remboursement de l'emprunt contracté auprès des établissements bancaires (correspondant au remboursement du capital emprunté et aux frais financiers attachés). Par ailleurs, le statut de propriétaire génère également de nouvelles charges, absentes pour le locataire : la taxe foncière et les frais d'entretien et de réparation.

Les charges assumées par le locataire correspondent essentiellement au loyer (nous ne prenons pas en compte la taxe d'habitation, redevable que l'on soit propriétaire ou locataire). Pour un calcul d'arbitrage équitable, nous considérons toutefois que la différence entre la somme des charges inhérentes au statut de propriétaire et le loyer du locataire doit être perçue comme une capacité d'épargne supplémentaire, que le locataire placera à un taux sans risque.

Les hypothèses testées

Les scénarios économiques envisagés :
stagnation, rebond, effondrement

Figure 25 – Hypothèses macro-économique des trois scénarii retenus

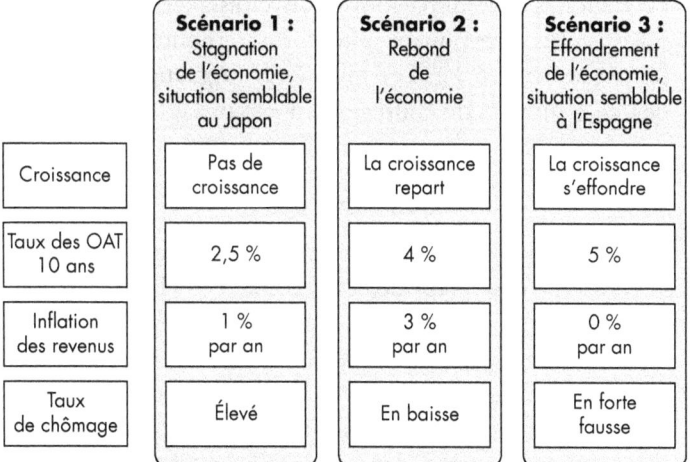

Notre scénario central (S1)

Notre scénario central est celui d'une stagnation prolongée de l'économie française, entre vieillissement de la population, gains de productivité limités et surendettement public incitant à la rigueur budgétaire. Dans ces conditions, le taux des obligations à 10 ans devrait rester contenu, autour de 2,5 %. Les revenus progressent de seulement + 1 % par an (contre + 3 % historiquement), pénalisés par un taux de chômage se stabilisant à un niveau élevé.

Les scénarios alternatifs

S2 : L'économie hexagonale rebondit fortement et durablement, ce qui se traduit par une hausse du taux des obligations à 10 ans jusqu'à 4 % en lien avec le retour des pressions inflationnistes. Les revenus progressent alors de + 3 % par an, parallèlement à la baisse du taux de chômage.

S3 : Le dernier scénario considéré correspond à la situation espagnole, à savoir un cercle vicieux de destruction de richesses avec disparition de la croissance et fuite des investisseurs provoquant une forte remontée des taux d'intérêt (ici à 5 %). Les revenus n'augmentent pas, en lien avec un taux de chômage qui explose.

L'évolution des prix immobiliers : stabilisation, légère baisse, forte baisse

Nous avons également étudié plusieurs scénarios sur l'évolution des prix de l'immobilier à long terme. Comme nous l'avons déjà dit, notre scénario central repose sur une chute des prix d'au moins 30 % à un horizon de cinq à dix ans (Paris et France confondus). Nous ne nous sommes toutefois pas contentés de cette hypothèse et avons testé deux scénarios alternatifs moins tranchés : la stabilisation des prix sur les niveaux actuels, d'une part, et une baisse de seulement − 10 % des prix, d'autre part, plus conforme aux anticipations effectuées par les professionnels de l'immobilier aujourd'hui.

Trois types d'acheteurs potentiels

Toujours dans un souci d'exhaustivité, nous nous plaçons dans trois situations distinctes pour l'achat d'une résidence principale : celle d'un primo-accédant disposant de 20 % d'apport (acheteur A) ; celle d'un secundo-accédant disposant de 40 % d'apport (acheteur B) et enfin celle d'un acheteur disposant de la totalité de la somme nécessaire à l'achat de sa résidence principale (acheteur C).

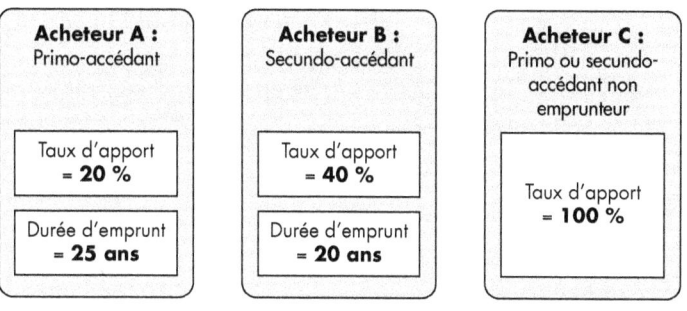

Figure 26 – Hypothèses retenues sur les modalités de financement du bien acquis

LES RÉSULTATS

Le cas de Paris

En considérant notre scénario central de stagnation économique à la japonaise (S1) et de baisse des prix de l'immobilier de l'ordre de – 30 % durant les dix prochaines années, l'acte d'achat de sa résidence principale apparaît très long à rentabiliser au taux de rendement locatif actuel (3,8 % à Paris) :

– 34 ans pour un primo-accédant (acheteur A) ;

– 29 ans pour un secundo-accédant (acheteur B) ;

- 23 ans pour un acheteur disposant de la totalité du cash nécessaire à l'achat (acheteur C).

Par ailleurs, deux conclusions s'imposent :

- le scénario « espagnol » (S3) serait bien entendu catastrophique quelle que soit la situation retenue : un achat au niveau de prix actuel ne serait jamais rentabilisé par rapport à la location ;
- le scénario économique le moins défavorable à l'achat est celui de la stagnation économique et non celui d'un rebond substantiel de l'économie. Pourquoi ? Car le marché de l'immobilier est aujourd'hui ultrasensible à l'évolution des taux d'intérêt, qui remonteraient significativement en cas de reprise économique, ce qui laminerait la capacité d'emprunt des ménages en augmentant les frais financiers.

Voici le récapitulatif de nos modèles d'arbitrage entre location et achat d'une résidence principale à Paris selon les différents scénarios testés. Les résultats sont indiqués en nombre d'années nécessaires à la rentabilisation de l'achat par rapport à la location d'un même bien.

Nombre d'années avant que l'achat soit plus rentable que la location.
Cas de l'acheteur A : primo-accédant à Paris
(taux d'apport de 20 %)

Prix de l'immobilier \ Scénario économique	Stagnation (S1)	Rebond (S2)	Effondrement (S3)
Stabilité des prix	22 ans	29 ans	> 50 ans
Légère baisse de 10 %	27 ans	31 ans	> 50 ans
Forte baisse de 30 %	34 ans	34 ans	> 50 ans

Nombre d'années avant que l'achat soit plus rentable que la location.
Cas de l'acheteur B : secundo-accédant à Paris
(taux d'apport de 40 %)

Scénario économique Prix de l'immobilier	Stagnation (S1)	Rebond (S2)	Effondrement (S3)
Stabilité des prix	17 ans	24 ans	> 50 ans
Légère baisse de 10 %	22 ans	36 ans	> 50 ans
Forte baisse de 30 %	29 ans	31 ans	> 50 ans

Nombre d'années avant que l'achat soit plus rentable que la location.
Cas de l'acheteur C : taux d'apport de 100 % à Paris
(pas de dette)

Scénario économique Prix de l'immobilier	Stagnation (S1)	Rebond (S2)	Effondrement (S3)
Stabilité des prix	9 ans	15 ans	> 50 ans
Légère baisse de 10 %	14 ans	19 ans	> 50 ans
Forte baisse de 30 %	23 ans	25 ans	> 50 ans

Afin d'illustrer notre méthodologie, prenons l'exemple d'un primo-accédant à Paris, souhaitant acheter un bien de 350 000 euros et disposant d'un apport de 20 % du montant de son bien (soit 70 000 euros), hors frais d'agence et frais de notaire (soit 42 000 euros supplémentaires). Cet acheteur emprunte le complément, soit 280 000 euros, sur une durée de 25 ans (au taux de 3,8 %, correspondant à notre hypothèse de taux sans risque de 2,5 %), ce qui représente des mensualités d'un peu plus de 1 400 euros.

Le raisonnement qu'il ne faut pas faire

Les erreurs peuvent être de deux natures :

- Une surévaluation de l'actif détenu par le propriétaire en cas de baisse des prix

Au terme de l'emprunt, le propriétaire possède certes 100 % du bien acquis, mais qu'il faut valoriser au prix du marché. Dans notre cas (baisse des prix de − 30 % sur la période), le propriétaire ne possède en réalité que 70 % de la valeur d'achat initiale du bien, soit 245 000 euros.

- Une sous-évaluation de l'actif détenu par le locataire

L'actif du locataire semble *a priori* composé des 20 % de cash initiaux (70 000 euros, correspondant à l'apport nécessaire pour effectuer l'achat) auxquels il faut ajouter les 12 % de frais d'agence et de notaire que le locataire n'a pas à débourser (42 000 euros). Ce dernier peut donc placer les 112 000 euros qu'il ne débourse pas en restant locataire à un taux sans risque pendant 25 ans (ici 1,8 % net d'impôts). Il posséderait alors 174 950 euros au terme du placement, soit 50 % de la valeur d'achat initiale du bien contre 70 % pour le propriétaire.

Mais ce raisonnement est incomplet, car il ne prend pas en compte la capacité d'épargne du locataire.

Le raisonnement correct : prendre en compte la capacité d'épargne du locataire

En effet, pour un bien équivalent, l'effort financier du propriétaire (y compris le remboursement du capital) est supérieur aux frais du locataire (loyer), ce qui laisse à ce dernier une capacité d'épargne. En supposant que le locataire épargne effectivement cette capacité supplémentaire, le montant qu'il capitalise à un taux sans risque est donc composé de 112 000 euros (apport + frais initiaux) auxquels il faut ajouter la capacité d'épargne libérée chaque mois.

Calcul des frais mensuels

Propriétaire :
- mensualité (remboursement du prêt) : 1 450 euros par mois ;
- frais d'entretien : 185 euros par mois la première année, en progression ensuite (2 mois de loyer équivalent par an).

Locataire :
- loyer : 1 110 euros par mois (correspondant à un rendement locatif brut de 3,8 %) la première année, en progression de 1 % par an.

Capacité d'épargne du locataire : 1 450 + 185 − 1 110 = 525 euros par mois la première année (variable ensuite car les loyers et les frais évoluent).

En plaçant chaque mois cette somme, le locataire dispose finalement au bout de 25 ans d'un montant total de 326 620 euros, contre 245 000 pour le propriétaire dans notre cas… Il faudra 34 ans pour que le propriétaire possède un patrimoine équivalent à celui du locataire : il est donc intéressant de privilégier la location à l'acquisition de sa résidence principale.

Cela est d'autant plus vrai pour les primo-accédants parisiens : âgés en moyenne de 34 ans, ceux-ci sont très souvent amenés à revendre leur bien une dizaine d'années plus tard pour acquérir un bien plus adapté à leurs besoins. Dans ces conditions, l'achat initial peut être considéré comme une très mauvaise affaire : 10 ans après l'achat d'un bien au prix actuel, l'actif du locataire (195 860 euros) surpasse en effet de 4,2 fois celui du propriétaire (45 955 euros), toujours dans notre scénario de stagnation économique et de forte correction des prix de l'immobilier (− 30 %).

Nous avons réalisé le même exercice pour chaque arrondissement de Paris. Les écarts sont impressionnants, allant de 26 ans pour le 10ᵉ arrondissement, à 40 ans pour le 8ᵉ arrondissement (voir carte ci-dessous). Ces chiffres expliquent en partie la disparition des primo-accédants dans la capitale. La location est non seulement plus favorable d'un point de vue patrimonial, mais aussi au niveau du confort : en effet, la location à Paris donne accès à une surface en moyenne 10 % supérieure à celle d'une acquisition.

Figure 27 – Nombre d'années avant que l'achat d'un appartement à Paris soit rentable par rapport à la location pour un primo-accédant

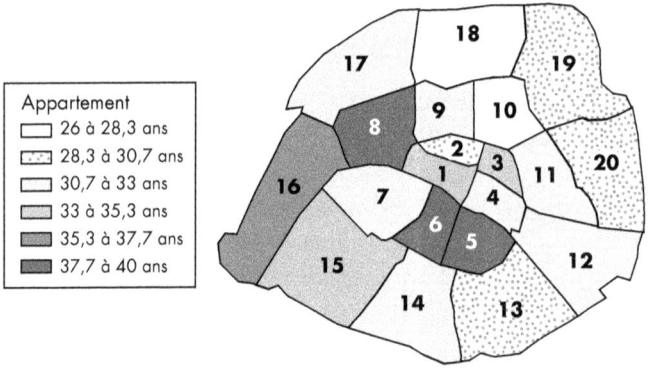

L'arbitrage par département

Toujours selon notre scénario de stagnation économique et de baisse des prix de − 30 % dans les 10 ans à venir, la hiérarchie entre départements semble relativement intuitive : l'arbitrage en faveur de l'achat est le moins favorable dans les pôles d'attractivité, autour des grandes métropoles (Paris, Lyon, Marseille, Bordeaux, Nantes) et dans les régions où le tourisme est fortement développé (Côte d'Azur, Alpes, littoral Ouest). Dans ces zones, il faut plus de 20 ans pour que l'achat de sa résidence principale soit rentabilisé. À l'autre bout du classement, là non plus pas de surprise : le centre de la France est la zone où l'achat est bien plus rapidement rentabilisé (entre 10 et 15 ans).

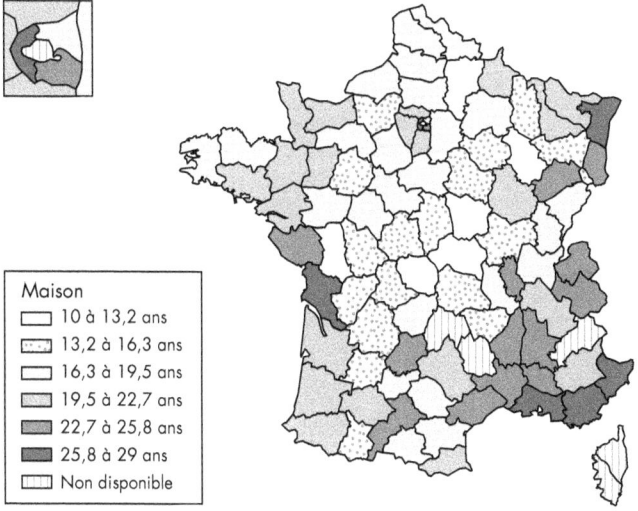

Figure 28 – Nombre d'années avant que l'achat d'une maison soit rentable par rapport à la location pour un primo-accédant par département

Maison
☐ 10 à 13,2 ans
☐ 13,2 à 16,3 ans
☐ 16,3 à 19,5 ans
☐ 19,5 à 22,7 ans
☐ 22,7 à 25,8 ans
☐ 25,8 à 29 ans
☐ Non disponible

L'arbitrage dans les grandes villes françaises

Le calcul du nombre d'années dans les grandes villes met en évidence la surévaluation du marché parisien par rapport à d'autres pôles, puisque c'est le seul endroit où plus de 30 années sont nécessaires pour rentabiliser l'achat de sa résidence principale. Pour l'achat d'un appartement, Lyon, Amiens, Nice et Bordeaux viennent ensuite dans le palmarès, suivies de Lille, Toulon et Montpellier, où la rentabilité est atteinte au-delà de 20 ans également. Parmi les 20 villes étudiées, seules Strasbourg, Angers, Saint-Étienne, Rennes,

Nîmes et Le Mans se situent en dessous de la moyenne nationale de 18 années (les résultats sont un peu différents lorsque l'on distingue les maisons des appartements). Rien de très surprenant dans ces chiffres, les phénomènes de mondialisation et de tertiarisation de l'économie au cours des décennies passées étant favorables à l'urbanisation et donc à une pression sur les prix de l'immobilier rendant l'achat d'un bien de plus en plus long à rentabiliser.

Villes	Nombre d'années avant que l'achat d'un appartement soit rentable par rapport à la location pour un primo-accédant	Nombre d'années avant que l'achat d'une maison soit rentable par rapport à la location pour un primo-accédant
Lyon	26	ND
Amiens	25	17
Nice	22	ND
Bordeaux	20	24
Lille	20	12
Toulon	20	27
Montpellier	19	25
Villeurbanne	19	19
Nantes	18	24
Nîmes	18	22
Perpignan	18	17
Rouen	18	21
Tours	18	21
Marseille	18	ND
Le Havre	17	18

…/…

Toulouse	17	25
Caen	16	20
Dijon	16	24
Metz	16	26
Strasbourg	16	24
Besançon	15	19
Grenoble	15	23
Orléans	15	19
Reims	15	20
Rennes	15	20
Angers	13	23
Saint-Étienne	13	15
Clermont-Ferrand	12	12
Mulhouse	12	ND
Limoges	11	15
Le Mans	8	14

QUELLE BAISSE DES PRIX AVANT DE RENTABILISER L'ACHAT ?

Nous posons ici la question de l'arbitrage entre achat et location d'une manière différente : quelle doit être la baisse instantanée des prix d'achat de l'immobilier pour que la location et l'acquisition soient équivalentes sur un horizon de 10 ans ? En effet, la plupart des primo-accédants changent de logement bien avant les 34 ans nécessaires aujourd'hui à Paris (en moyenne plutôt au bout de sept ans).

Nous analyserons le cas d'un primo-accédant souhaitant se loger à Paris. Le rendement du loyer (loyer/prix d'achat) y est de 3,8 % en août 2013, et la personne a le choix entre la location et l'acquisition avec un endettement de 80 % (taux d'apport de 20 %) au taux actuel de 3,4 % (cas d'un très bon dossier) sur 25 ans.

La question est donc la suivante : quel rabais doit-on négocier sur le prix d'acquisition d'un bien, pour qu'au bout de 10 ans notre patrimoine soit équivalent à celui qu'il serait si nous avions loué un logement équivalent ?

En moyenne, à Paris, le rabais exigible sur le prix d'acquisition doit être de − 21 % pour que l'achat soit compétitif avec la location au bout de 10 ans. Les disparités entre arrondissements sont grandes : il ne faut pas songer à acheter un appartement dans le 6e tant qu'on n'a pas négocié une baisse de − 35 % sur le prix moyen actuel. Dans le 10e arrondissement, on sera moins gourmand : un rabais de − 16 % sera suffisant pour rendre l'acquisition compétitive par rapport à la location au bout de 10 ans.

Figure 29 − Variation de prix nécessaire pour que l'achat d'un appartement soit rentable par rapport à la location sur un horizon de 10 ans pour un primo-accédant à Paris

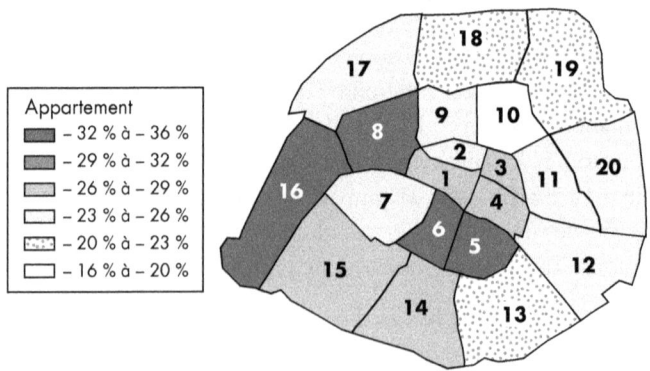

Nous avons réalisé le même exercice pour tous les départements. Dans certains cas, le constat est à peu près le même qu'à Paris, mais un peu moins prononcé. Il s'agit des zones à densité de population élevée, notamment à cause du tourisme, où la hausse des prix a explosé par rapport à celle des loyers, qui sont limités par la progression des revenus. Le loyer ne dépasse en effet généralement pas les 30 % du revenu du locataire : indice des loyers et revenus sont ainsi très corrélés, alors que le prix d'acquisition est largement déformé par la financiarisation de l'économie.

Dans les zones du centre, du nord et de l'ouest de la France, l'écart d'évolution entre les prix immobiliers et les loyers est important mais pas assez pour justifier la location par rapport à l'achat sur un horizon de 10 ans. Ce sont des zones désertées par la population qui ont moins connu la hausse des prix immobiliers par rapport à la moyenne nationale. Cependant, la correction des prix n'épargnera pas ces zones déjà boudées par les acheteurs.

Partie 2. Peut-on encore investir dans l'immobilier ?

Figure 30 – Variation de prix nécessaire pour que l'achat soit rentable par rapport à la location sur un horizon de 10 ans pour un primo-accédant (par département)

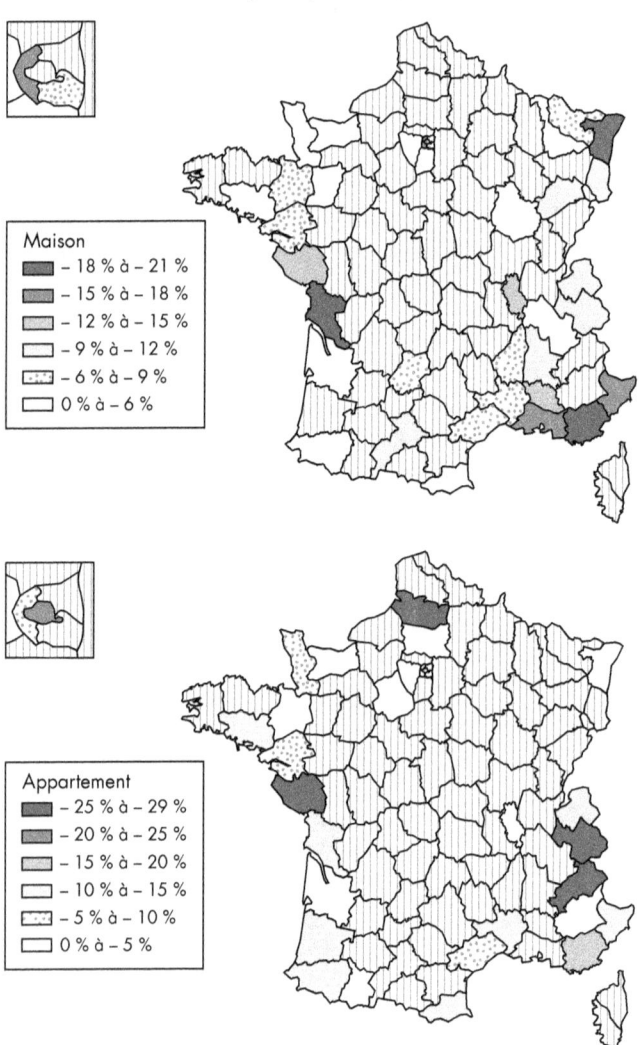

(Dans les départements hachurés, l'acquisition d'un bien est autant ou plus rentable que la location au bout de 10 ans)

Chapitre 7

Investissement locatif : quelle rentabilité ?

Pourquoi investir aujourd'hui dans la pierre, c'est perdre à (presque) tous les coups

L'ACTIF LE PLUS RENTABLE DEPUIS 12 ANS

Comme nous l'avons déjà signalé, la hausse des prix de l'immobilier s'explique en grande partie par la solvabilisation des ménages par les banques au cours des quinze dernières années. Mais, comme pour tous les actifs, la hausse a fini par s'auto-alimenter. Outre les biais de comportement mimétique des investisseurs (professionnels comme particuliers) qui essaient de prévoir l'avenir en extrapolant le passé proche, certains facteurs sont venus conforter le mouvement haussier devenu alors clairement spéculatif : solvabilisation des ménages, statut de valeur refuge…

Dans un contexte d'épargne abondante, la faiblesse des marchés actions depuis le début des années 2000 et l'aversion pour le risque engendré par leur forte volatilité ont favorisé un large transfert vers l'or et l'immobilier. Alors que le CAC 40 a baissé annuellement de − 2,6 % en moyenne, le marché immobilier et l'or ont affiché des performances respectives de + 6,2 % et + 12,7 % par an entre 2000 et 2012. Quant aux obligations, elles ont enregistré une progression annuelle moyenne de + 5,1 % sur la période. La remarquable performance des actifs immobiliers depuis 12 ans a renforcé la croyance dans le statut de valeur refuge de la pierre, en apparence indifférente à toute évolution défavorable de la conjoncture… Ce signe, commun à toutes les fins de bulle, nous incite au contraire à la plus grande prudence vis-à-vis du secteur.

Le vieillissement de la population a d'ailleurs accentué ce phénomène : depuis 10 ans, la cohorte des 55-65 ans, à l'épargne conséquente, mais de plus en plus hostile aux actifs risqués, a fortement augmenté. Cet arbitrage dans les investissements réalisés par les ménages a ainsi entretenu la baisse des taux et, de ce fait, la hausse de prix de l'immobilier.

Dans ce contexte, il peut sembler tentant de réaliser un investissement dans l'immobilier locatif…

UNE ALTERNATIVE : L'INVESTISSEMENT AU TAUX SANS RISQUE

Pour un investisseur, la rentabilité totale du placement immobilier est alléchante avec une prime de risque moyenne de 5,3 % depuis 1980. Néanmoins, cette rentabilité inclut les gains en capital. Or, les perspectives, nous l'avons largement évoqué, sont celles d'une baisse des prix de l'immobilier… En l'absence de plus-value sur la revente du bien, la rentabilité d'un investissement locatif ne dépend donc que du loyer. Historiquement, la rentabilité nette du loyer a toujours été quasi équivalente en moyenne à celle des taux sans risque. Aujourd'hui, même avec des taux très bas, elle n'est que légèrement supérieure.

Il faut cependant retenir que les charges supportées par un propriétaire bailleur sont trois fois plus importantes que celle d'un propriétaire occupant. Aux charges foncières et d'entretien, viennent s'ajouter les frais de gestion locative, l'assurance loyers impayés, la perte de loyer due au renouvellement des locataires, les prélèvements sociaux et l'impôt sur le revenu.

L'alternative à l'investissement locatif est l'investissement au taux sans risque. Dans ce deuxième cas, la stratégie consiste simplement à investir l'épargne au taux sans risque net d'impôt.

Figure 31 – Les charges du propriétaire bailleur

Charges « classiques » d'un propriétaire
- Frais d'agence : 5 % du prix d'achat
- Frais de notaire : 7 % du prix d'achat
- Taxe foncière : 1 mois de loyer par an
- Entretien et réparation : 1 mois de loyer par an

Charges supplémentaires d'un propriétaire bailleur
- Frais de gestion locative : 1 mois de loyer par an
- Assurance loyers impayés : 0,3 mois de loyer par an
- Perte de loyer due au renouvellement des locataires : 0,3 mois de loyer par an
- Prélèvement sociaux : 1 mois de loyer par an
- Impôt sur le revenu : 2 mois de loyer par an

Notre méthodologie consiste à comparer l'actif d'un investisseur qui acquiert un bien et devient propriétaire bailleur à celui d'un investisseur sans risque disposant du même capital de départ. Nous considérons que les deux investisseurs disposent initialement de 100 % du prix d'achat du bien (y compris les frais), et que le bien immobilier acheté ne subit pas de perte de valeur (mais pas de hausse non plus). L'horizon de temps de cet investissement est de 20 ans. L'investisseur qui souhaite faire du locatif achète un appartement de 300 000 euros à Paris, qu'il louera 950 euros par mois. Il débourse donc au moment de l'achat 336 000 euros (frais de notaire et d'agence inclus), puis chaque année l'équivalent de 6,6 mois de loyer en frais divers (soit 6 270 euros la première année, ou 2,1 % du prix d'achat). Nous faisons l'hypothèse d'une progression de 1 % par an du loyer : le rendement locatif brut, initialement de 3,8 %, atteint donc 4,6 % au terme des 20 années, tandis que les frais annuels passent de 2,1 % du prix d'achat du bien à 2,5 % sur la même période.

Chaque année, le propriétaire bailleur obtient donc un rendement égal à la différence entre le rendement locatif brut et les frais, soit 1,7 % (du prix d'achat hors frais) la première année et 2,1 % au terme de l'investissement. De son côté, l'investisseur sans risque obtient, lui, chaque année, un rendement de 1,8 % mais cette fois sur le montant total de l'investissement (prix d'achat + frais initiaux).

Au bout de 20 ans, le propriétaire bailleur, en mettant de côté les loyers nets de charges, parvient à capitaliser 133 800 euros. L'investisseur sans risque, qui a investi l'apport initial (100 %) et les 12 % de frais (notaire et agence) initiaux, parvient lui à capitaliser 180 000 euros.

Au final, la situation de l'investisseur sans risque est largement plus avantageuse puisqu'au bout de 20 ans, le propriétaire bailleur possède un actif d'une valeur de 144 % de l'apport initial alors qu'il est de 160 % pour l'investisseur sans risque (voir figure ci-après). L'investissement sans risque est d'autant plus intéressant qu'il ne présente pas de probabilité de moins-value, contrairement au cas d'un investissement immobilier. Pour rappel, nous avons effectué ces calculs en faisant l'hypothèse d'une stagnation des prix de l'immobilier. Pour que la situation de l'investisseur locatif soit au moins aussi avantageuse que celle de l'investisseur sans risque au terme des 20 années, il faut envisager une hausse des prix d'au moins + 15 % sur la période, ce qui n'est clairement pas notre scénario central. Cette simulation devient bien sûr plus défavorable encore au propriétaire bailleur si l'investissement est réalisé avec un emprunt, puisque le rendement du loyer net de charge est alors encore amputé par le paiement des intérêts de l'emprunt.

Figure 32 – Comparaison de la valeur de l'actif total d'un locataire et d'un propriétaire à Paris

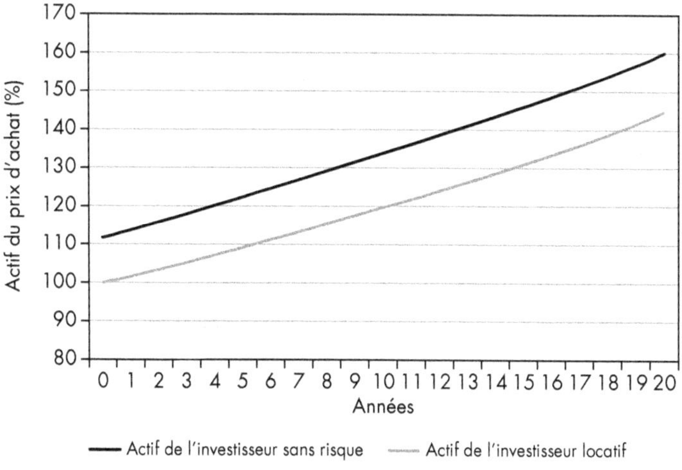

—— Actif de l'investisseur sans risque   —— Actif de l'investisseur locatif

Les cartes ci-après représentent les données par département : le rendement du loyer brut calculé en rapportant le loyer moyen au prix du mètre carré moyen, et le nombre d'années nécessaire pour que l'investissement locatif soit aussi rentable en termes de valeur d'actif que l'investissement sans risque. Les hypothèses de calcul sont les mêmes que pour Paris.

Figure 33 – Rendement locatif brut (par département)

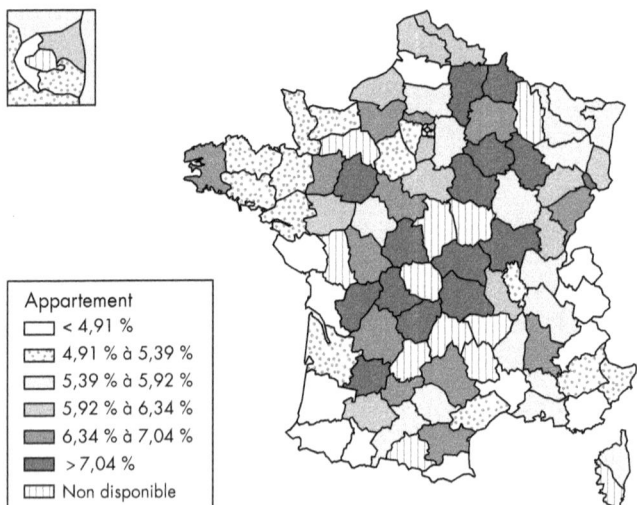

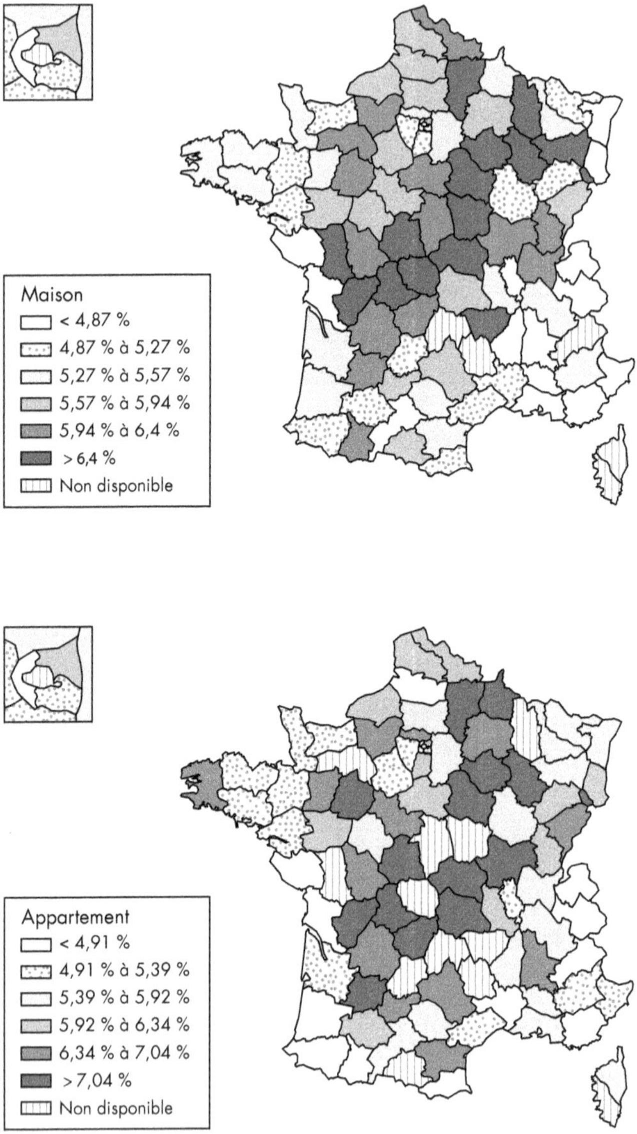

Investissement locatif : quelle rentabilité ?

Figure 34 – Nombre d'années avant que l'investissement locatif soit aussi rentable que le taux sans risque (par département)

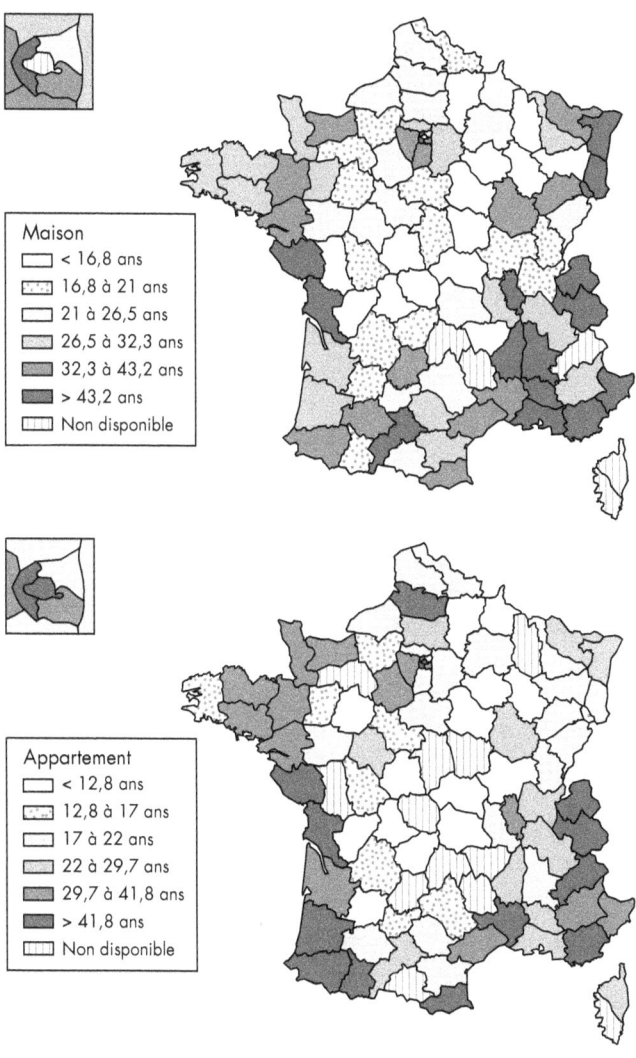

LA « PIERRE PAPIER » : UNE AUTRE MANIÈRE D'INVESTIR DANS L'IMMOBILIER

Nous avons jusqu'à présent étudié la situation d'un acheteur d'un bien immobilier par rapport à la location, à l'investissement sans risque, etc. Il est cependant possible d'investir sur le marché immobilier sans acheter directement un bien. La « pierre papier[1] » désigne ainsi tous les placements ayant l'immobilier pour support. Ce type d'investissement indirect permet de contourner toutes les contraintes du propriétaire, comme la gestion des relations avec le locataire et des difficultés afférentes (non-paiement des loyers, périodes de vacance locative, apparition d'un sinistre…). Les trois formes principales de ces investissements sont les SCPI, les OPCI, et les SIIC (sociétés foncières cotées).

Les SCPI

Une SCPI (Société civile de placement immobilier) collecte des fonds auprès d'investisseurs (particuliers) en échange de quoi ces derniers obtiennent des parts sociales. L'argent est investi par la SCPI dans des immeubles, et les bénéfices retirés de l'exploitation de ces immeubles (loyers auxquels sont déduits les frais de gestion) sont reversés aux associés proportionnellement au nombre de parts qu'ils détiennent. Le principal avantage de ce produit est qu'il permet d'accéder aux marchés immobiliers généralement réservés aux professionnels comme les bureaux, les locaux commerciaux, les entrepôts et les

---

1. Pour des informations détaillées sur les SPCI, OPCI et SIIC, consulter les sites Internet www.pierrepapier.fr, www.opci.fr, www.spci.com

locaux d'activité qui ont en moyenne une plus forte rentabilité que l'immobilier d'habitation.

La création, la gestion et le développement de la SCPI sont réalisés par une société de gestion sous le contrôle de l'Autorité des marchés financiers, comme tout produit financier proposé au public. Un commissaire aux comptes et un expert immobilier sont également indispensables à son fonctionnement.

Il existe trois catégories de SCPI dont les objectifs sont très différents[1] :

- les SCPI de rendement : elles offrent les rendements les plus intéressants et répondent à un objectif de placement classique (complément de revenus ou épargne retraite). Il existe des sous-catégories par type de biens : « classiques diversifiées » (immobilier d'entreprise), « murs de magasins » (locaux commerciaux) et « régionales » (une région déterminée) ;

- les SCPI de plus-value : leurs rendements sont très faibles mais elles ont pour objectif de générer une plus-value lors de la revente des biens, et donc une augmentation du prix des parts ;

- les SCPI fiscales : fiscalement transparentes, elles permettent au détenteur des parts de bénéficier des dispositifs de défiscalisation (Scellier, Malraux…). Toutefois, seul le premier détenteur des parts bénéficie des avantages fiscaux : la cession est donc difficile.

---

1. La liste complète des SPCI et leurs caractéristiques sont disponibles sur la page Internet http://www.pierrepapier.fr/toutes-les-scpi/

Principaux inconvénients :

- leur faible liquidité, notamment en cas de retournement sur le marché immobilier (le taux des parts en attente, les volumes échangés et l'expérience de la société de gestion devront donc être examinés avec attention) ;
- le montant souvent très élevé des frais de gestion (entre 3 % et 8 %) ;
- les commissions d'achat et de vente là aussi parfois très élevées (entre 4 % et 12 %). En outre, le rachat de parts de SCPI à capital fixe à un particulier génère le paiement de droits d'enregistrement de 4,8 %.

Les OPCI

Dans la continuité des SCPI, les OPCI (Organismes de placement collectif immobilier) permettent également d'investir indirectement. Même s'ils restent immobiliers avant tout, les OPCI se distinguent des SCPI par une plus grande diversité de leur patrimoine, dans lequel entre une part plus ou moins importante de valeurs non immobilières. La partie immobilière du patrimoine doit être investie dans des immeubles (en construction, neufs ou anciens) exclusivement en vue de leur location. Les actifs immobiliers ne peuvent donc être acquis exclusivement dans l'objectif de leur revente : les OPCI ne doivent pas se comporter en marchands de biens. Comme la SCPI, l'OPCI est géré par une société de gestion agréée par l'AMF.

Principaux inconvénients :

- les OPCI ne sont pas des produits purement immobiliers ;
- il est compliqué de souscrire à un OPCI au sein d'un contrat d'assurance vie multisupport pour des raisons

techniques. De plus, la souscription d'un OPCI au sein de l'assurance vie entraîne un surcoût de 5 % à la sortie du client.

Les SIIC

Les SIIC (Sociétés d'investissement immobilier cotées) sont des sociétés foncières cotées dotées d'un régime fiscal particulier. L'activité des SIIC consiste en l'acquisition ou la construction d'immeubles en vue de leur location. Les bénéfices et plus-values associés à cette activité sont distribués aux actionnaires sous forme de dividendes, sans être imposés au niveau de la société (les SIIC sont donc fiscalement transparentes).

Ces foncières qui recourent à l'emprunt, peuvent jouer sur l'effet de levier (c'est-à-dire investir au-delà des fonds propres de la société). Ce procédé est un accélérateur de plus-values du patrimoine immobilier… lorsque les prix de l'immobilier sont orientés à la hausse. En cas de baisse, on assiste au phénomène inverse.

Le principal avantage de ce type d'investissement est la forte liquidité et une meilleure diversification des risques.

Principaux inconvénients :
- la volatilité du titre coté est beaucoup plus forte que la « pierre papier » non cotée. Les actions des SIIC peuvent en effet subir des variations de cours, plus ou moins soudaines et brutales, sans rapport avec l'évolution du marché immobilier ;
- l'achat de parts à crédit est impossible ;
- depuis la loi de finance pour 2012, il n'est plus possible d'acquérir des titres de SIIC ou d'OPCVM immobilier bénéficiant de la fiscalité des SIIC dans le cadre d'un PEA.

Un autre moyen de participer à la « pierre papier » cotée est l'investissement dans un OPCVM immobilier. Il permet de mieux diversifier ses risques grâce à la détention de plusieurs foncières cotées dans le portefeuille du fonds. C'est le gérant du fonds qui s'occupe de faire les arbitrages entre les différentes sociétés cotées en examinant les comptes et en évaluant les valeurs des actifs de la foncière, révélatrices de la santé de l'entreprise.

La capitalisation des foncières SIIC est faible et totalise seulement 4 % de l'ensemble des actions françaises cotées en bourse.

Chapitre 8

Ces idées fausses que l'on entend partout...

... et qui peuvent coûter très cher

Dans ce chapitre, nous allons aborder toutes les idées fausses qui sont propagées sur le marché immobilier, et qui participent de la bulle immobilière.

Il y a en France un déficit d'offre de logements. Tant que ce déficit persistera, les prix de l'immobilier se maintiendront

Selon certains experts, la bulle immobilière aurait pour origine la pénurie de logements. Le manque atteindrait même aujourd'hui 800 000 à 1 million de biens... En réalité, il n'en est rien. Entre 1950 et 1990, la construction de nouvelles habitations a largement dépassé l'évolution du nombre de ménages. Ce n'est plus le cas depuis 1990 puisque le nombre de constructions évolue désormais à peu près en ligne avec la croissance du nombre de ménages, le différentiel étant de quelques dizaines de milliers de logements (en excès ou en déficit selon les années), soit un très faible pourcentage du parc total de 33 millions de maisons et appartements. L'INSEE estimait d'ailleurs en 2011 à 2,4 millions le nombre de logements vacants (en attente d'occupation mais également en cours de location ou de vente, en travaux…), soit 400 000 de plus qu'en 2000. Pas de problème d'offre, donc, *a priori*…

De plus, de nombreuses études[1] ont démontré que l'élasticité[2] des prix de l'immobilier à l'offre de logement est très faible : elle se situerait entre 1 et 2 % pour la France. Ainsi, une baisse de l'offre de 1 % engendrerait une hausse de 1 à 2 % des prix. Par extension, une tension éventuelle de quelques centaines de milliers de logements (soit au maximum quelques pourcents du parc total), par rapport à la croissance du nombre de ménages, ne pourrait en aucun cas expliquer les 159 % de hausse de l'indice des prix immobiliers constatée entre 1998 et 2012. Autre preuve que l'offre n'a pas impacté les prix : l'indice des loyers a suivi exactement l'évolution du revenu disponible des ménages (voir graphique en introduction), ce qui n'aurait pas été le cas s'il y avait eu un réel déficit de biens.

L'évolution démographique en France a donc contribué à augmenter la demande potentielle en biens immobiliers, sans que l'on constate de problème d'offre. Pour autant, une demande potentielle à la hausse n'est pas forcément synonyme d'augmentation des prix : pour cela, il faut que ce besoin soit solvable. Et c'est ici que se trouve l'explication du chiffre souvent avancé des 800 000 à 1 million de logements manquants. Il s'agit en fait du nombre de personnes « aux portes du logement », c'est-à-

---

1. Barker K. *Review of Housing Supply*, mars 2004 ; Duca, Muellbauer & Murphy, « House Prices and Credit Constraints : Making Sense of the U.S. Experience », décembre 2009 et Friggit J., *Différenciation de la variation du prix des logements selon le département de 1994 à 2010*, août 2011.
2. L'élasticité mesure la variation d'une grandeur (ici le prix) provoquée par celle d'une autre grandeur (ici l'offre).

dire qui n'ont pas les moyens de se loger et sont donc non solvables, surtout au niveau actuel des prix.

Quand on est locataire, on jette l'argent par les fenêtres, d'autant que les loyers sont très chers

Premièrement, les loyers ont globalement progressé en ligne avec les revenus, ce qui n'est pas le cas des prix de l'immobilier. Sauf cas particulier, il n'y a donc pas de surchauffe des loyers par rapport au revenu des ménages. De plus, les frais d'un propriétaire sont plus importants que ceux d'un locataire pour un même bien (il faut en effet inclure les frais d'agence et de notaire, le remboursement de l'emprunt, les frais d'entretien, la taxe foncière…), ce qui offre au locataire chaque mois une capacité d'épargne par rapport au propriétaire (voir chapitre 2). Au final, l'actif du locataire est supérieur à celui du propriétaire pendant de longues années. À Paris, par exemple, dans le cas d'un primo-accédant, le capital détenu par le locataire (de l'épargne) est toujours équivalent à celui du propriétaire (son bien immobilier) entre 22 et 34 ans après l'achat (selon le 1er scénario économique et de prix de l'immobilier, voir chapitre 6). Le locataire ne jette donc pas plus d'argent par les fenêtres que le propriétaire, il choisit juste de détenir des liquidités plutôt qu'un bien, à condition bien sûr qu'il fasse l'effort d'épargner chaque mois ce qu'il dépenserait s'il était propriétaire.

La hausse des prix de l'immobilier s'explique par l'amélioration de la qualité des biens

Le facteur qualité est exclu de l'indice des prix que nous avons utilisé pour cet ouvrage[1], ce qui signifie que les

---

1. Indice du prix des logements de l'INSEE, obtenu comme la moyenne pondérée des deux indices suivants : l'indice Notaires-INSEE des prix des logements anciens et l'indice des prix des logements neufs.

améliorations quantitatives (surface) et qualitatives (sanitaires…) n'ont pas d'impact. Le ratio indice des prix/revenu est ainsi resté stable de 1965 à 1995 alors que le poids des dépenses en logement dans le revenu des ménages a augmenté au cours de la même période, en raison de l'amélioration de la prestation.

Le marché est en panne depuis la crise, sans transaction les prix ne peuvent pas baisser

Le recul du nombre de transactions précède toujours de plusieurs mois la baisse des prix. En 2012, les volumes ont baissé de − 18 %, alors que l'indice des prix se maintenait. Sur le long terme, le volume s'est toujours avéré être un indicateur avancé du niveau des prix immobilier : l'éclatement de la dernière bulle immobilière de 1991 en France avait été précédé de quatre ans par la baisse des volumes ; l'éclatement de celle des États-Unis en 2007 avait été précédé par six années de baisse des volumes. Il y a toujours une phase longue d'attentisme pendant laquelle les vendeurs s'accrochent à leur prix, et préfèrent attendre plutôt que de concéder une baisse.

Les propriétaires actuels ne sont pas vulnérables car les conditions d'octroi de prêts sont parmi les plus strictes des pays développés

Même si le phénomène en France est très loin d'atteindre l'ampleur des subprimes aux États-Unis en 2007, une nouvelle tranche de ménages a accédé à la propriété grâce au prêt à taux zéro et aux prêts « accession sociale ». Les crédits accordés, en particulier en 2006 et 2007, au moment de l'euphorie maximale, ont créé une couche d'emprunteurs plus fragiles. Les banques étaient alors moins regardantes sur la qualité des emprunteurs et pouvaient financer jusqu'à 100 % des biens acquis, y compris les frais de notaires et les travaux.

Les ménages français sont endettés à taux fixe, ce qui les protège contre l'inflation

Le contexte actuel et de moyen terme est clairement à la déflation. Le fait d'être endetté à taux fixe ne protège absolument pas d'une baisse du prix de son logement. La solvabilité des particuliers français pourrait de toute façon finir par être affectée en cas de retournement des prix de l'immobilier, car celui-ci s'accompagne généralement d'une dégradation de la conjoncture. Le taux fixe protège donc le marché d'un ajustement violent, mais pas d'un ajustement tout court. Les détenteurs d'un prêt restent solvables sous condition de ressources constantes, ce qui n'est plus le cas en situation de chômage ou d'augmentation des impôts.

Même en cas de hausse des taux (avec le retour très peu probable de la croissance et donc de l'inflation) les taux fixes ne protègent qu'une partie des propriétaires. Les propriétaires en place sont protégés, mais pas les futurs accédants au marché.

La dette des ménages est adossée à du cautionnement plutôt qu'à de l'hypothèque, ce qui les protège en cas de non-remboursement

Le cautionnement est un système d'assurance dans lequel, en cas de défaut de paiement, la banque se fait rembourser le reste du capital par un organisme d'assurance et ne récupère pas le bien, contrairement à l'hypothèque. Ce système a la vertu de protéger la banque mais pas l'emprunteur. En revanche, il fait entrer en jeu un nouveau participant : l'organisme de cautionnement qui, en général, dépend des banques ou des assurances. En cas de crise immobilière, le risque systémique du cautionnement est donc le même que dans le cas de l'hypothèque.

La part de la dette immobilière dans le PIB français reste modeste, une baisse des prix immobiliers est impossible dans ce contexte

Cet argument repose sur le fait que le niveau de la dette immobilière en France (41 % du PIB) est loin derrière celui des autres pays à bulle : 75 % du PIB aux États-Unis, par exemple, en 2008. Un simple regard sur le dernier éclatement de bulle en France permet de contrer cet argument. À la veille du dégonflement de la bulle immobilière de 1991, le ratio dette immobilière/PIB en France était de 22 %, c'est-à-dire deux fois moindre qu'aujourd'hui : ceci n'a pas empêché le marché de baisser de − 38 % !

La hausse du coût de la construction est la cause du renchérissement des prix immobiliers

Sur des séries historiques, on constate que le prix de la construction est loin derrière celui de l'immobilier. De 2000 à 2011, l'immobilier a augmenté de + 124 %, alors que le coût de la construction s'est élevé de + 46 %.

La hausse du coût de la construction ne s'est accélérée qu'en fin de bulle, à partir de 2008. Il est dorénavant moins cher de construire des mètres carrés supplémentaires que de vendre et de racheter plus grand. De nombreux propriétaires ont fait ce calcul, ce qui a mis une pression sur les prix de construction (*via* le prix du foncier). La hausse du coût de construction est donc une conséquence et non une cause de la hausse du prix de l'immobilier.

La hausse du coût de la construction n'est pas non plus un facteur de désolvabilisation des ménages : le revenu moyen a progressé beaucoup plus vite (+ 7,38 % par an depuis 1965) que le coût de la construction (+ 4,75 %). De 2000 à 2010, les progressions des deux indices sont à l'avantage du revenu (+ 38 % pour la construction, + 42 % pour le revenu moyen).

L'augmentation du nombre de ménages a entraîné la hausse des prix de l'immobilier

Signalons tout d'abord qu'il n'y aurait pas eu de hausse des prix si le désir d'accès à la propriété n'avait pas sensiblement augmenté. Cela revient à s'intéresser à l'évolution de la classe d'âge des acheteurs nets d'immobilier (les 20-58 ans) comparativement aux vendeurs nets (les plus de 58 ans). De ce point de vue, la dynamique démographique, couplée notamment à la baisse du nombre de personnes par ménage, a clairement favorisé la demande potentielle de logements en France jusqu'en 2007. Toutefois, si cette dynamique est une condition nécessaire à la hausse des prix, elle n'est pour autant pas suffisante : *cette demande potentielle doit être solvable*. Or, sans augmentation substantielle des revenus (+ 31 % contre + 159 % pour l'indice des prix immobiliers entre 1998 et 2011), le seul levier restant est celui de la dette.

Les taux sont au plus bas et les prix ont un peu baissé depuis un an, c'est le moment d'acheter

Les taux hypothécaires ont atteint au cours du printemps 2013 leur niveau historique le plus bas (du fait de la politique de taux zéro des banques centrales) et sont en train de remonter progressivement. Les crédits à 20 ans pourraient atteindre 3,70 % au cours du premier semestre

2014. Les conditions d'emprunt restent donc très favorables et ont de fortes chances de se dégrader dans un avenir proche. La remontée des taux anticipée (avec le retrait progressif de la politique quantitative de la Fed en 2014) entraînera mécaniquement un ajustement à la baisse des prix de l'immobilier. Ce n'est pas la baisse actuelle minime des prix de l'immobilier depuis plus d'un an qui compensera l'ajustement anticipé à plus long terme de ceux-ci. La baisse des prix sera plus forte que l'avantage actuel tiré des taux d'emprunt historiquement bas.

L'État peut spolier mon épargne, pas ma maison

L'État peut spolier l'épargne par différentes mesures. Ce peut être aussi le cas pour le logement *via* la fiscalité et les droits de succession.

Taxer les logements vacants fluidifiera le marché[1]

La solution, face à la pénurie de logements dans certaines zones, est de faire revenir sur le marché ceux qui sont inoccupés. Dans les campagnes, un taux de vacance[2] élevé est synonyme de désertification. En agglomération,

---

1. *Les Échos*, 18 janvier 2013 ; http://www.insee.fr/fr/themes/document.asp?reg_id=20&ref_id=18255 ;
http://www.franceinfo.fr/vie-pratique/modes-de-vie/les-logements-vacants-722373-2012-08-30 ;
http://www.latribune.fr/vos-finances/immobilier/20121019trib000726054/logements-vacants-comment-paris-va-s-en-sortir-.html
2. Les logements vacants peuvent être des logements en attente d'être loués ou vendus, faire l'objet d'une succession, ou encore être en cours de rénovation. Certains, parmi tous ces logements, sont laissés volontairement inoccupés par leur propriétaire, mais représentent un pourcentage marginal.

c'est le contraire : 70 % des logements vacants se situent dans les centres-villes. Le taux de vacance dans les zones tendues est en effet synonyme de spéculation : il atteint un niveau record à Paris avec 9,2 % (14,3 % selon Alain Trannoy et Etienne Wasmer[1]), contre 7 % pour la moyenne nationale. Selon Michel Guérin, directeur du groupe PAP, le taux de vacance maximal pour assurer la fluidité du marché est de 5 %.

Le taux élevé de vacance doit cependant être pondéré par la structure de l'offre de logements. En effet, plus les surfaces sont petites et vétustes plus le taux de rotation des habitants est important, ce qui augmente le nombre de logements en mutation (proposés à la vente ou à la location, ou déjà attribués) et donc le taux de vacance. Alors que le taux de vacance des appartements est en moyenne de 7 %, il atteint 10,3 % pour ceux d'une ou deux pièces et 11,6 % s'ils ont été construits avant 1975. Ces caractéristiques se retrouvent à Paris, où les appartements à la fois petits et anciens représentent 49 % du parc de logements et composent l'essentiel de ce parc locatif privé, ainsi que dans quelques communes de la proche couronne.

La taxe sur les logements vacants, qui existe depuis 1999 et qui vient d'être renforcée dans l'idée de combler une partie des 900 000 logements manquants (voir idée fausse n° 1), n'aura pas d'effet sur les zones désertées puisqu'il n'y a pas de demande, ni dans les zones tendues puisque les logements vacants ne sont en fait que des logements en transition, qui restent inoccupés moins de deux ans.

---

1. Conseil d'analyse économique, « Comment modérer les prix de l'immobilier », février 2014.

Cette taxe est calculée sur la même assiette que la taxe d'habitation, c'est-à-dire sur la valeur locative cadastrale, qui n'a rien à voir avec la valeur locative du marché. La taxe varie aussi selon la durée pendant laquelle le logement est inoccupé, au terme des deux premières années (contre cinq années avant 2012). Le taux est désormais fixé à 12,5 % sur la première année d'imposition, c'est-à-dire la troisième année d'inoccupation, et 25 % à compter de l'année suivante. Les taux étaient auparavant de 10 %, 12,5 % la deuxième année puis 15 %. Pour les premières années, la taxe sur les logements vacants est à peu près équivalente à la taxe d'habitation, tout au moins à Paris. C'est d'ailleurs une limite à l'application de cette loi : si la taxe sur les logements vacants est supérieure à la taxe d'habitation, les propriétaires concernés auront intérêt à déclarer leur logement en tant que résidence secondaire. Dans les statistiques, on aura moins de logements vacants, mais en pratique, cela reviendra au même.

L'encadrement des loyers est une bonne solution[1]

La tentation est très forte de mettre au point un dispositif d'encadrement des loyers pour freiner leur hausse dans les zones où les tensions sont les plus fortes. En bloquant les tarifs des loyers à la relocation, la ministre du Logement, Cécile Duflot, espère lutter contre la flambée des prix. Actuellement, les loyers sont indexés pendant la durée du bail sur l'indice de référence des loyers (IRL). C'est seulement en cas de première location ou lors du changement de locataire que le propriétaire peut réévaluer librement la valeur locative de son bien. En région parisienne, où le

---

1. Jean-François Lamour, « L'encadrement des loyers ou le réflexe idéologique », *Les Échos*, 25 mai 2013, p. 15.

marché est tendu, les propriétaires en profitent le plus souvent pour augmenter fortement les loyers[1].

Confronté à la crise du logement, le désir du gouvernement de légiférer en réutilisant les vieilles méthodes est-il justifié ? En économie, lorsque l'on bloque le prix d'un bien ou d'un service, on modifie à terme la rentabilité économique de celui-ci. Les producteurs sont incités à ralentir leurs investissements, à diminuer la qualité des produits, voire à interrompre leurs activités. Un encadrement trop strict des loyers risque de produire exactement ce type de mécanisme et, au bout du compte, une situation inverse à celle que l'on souhaitait obtenir : une raréfaction de l'offre. Ce sont alors les ménages les plus démunis qui seront les premiers atteints.

Les lois sur le logement de 1948 ont interdit l'augmentation des loyers à la sortie de la guerre et provoqué un désastre : pénurie, dégradation du parc immobilier avec des logements de plus en plus insalubres et vacants, et surtout développement d'un marché noir de la location.

Le coût de la construction, le niveau des loyers et celui des prix résultent, comme les autres biens, d'un marché et du mécanisme de l'offre et de la demande. À l'inverse, un marché totalement dérégulé n'est pas non plus la solution à la crise actuelle du logement : l'absence de contre-pouvoir, lié à la régulation, a provoqué la crise des subprimes aux États-Unis comme celle du « tout béton » en Espagne.

---

1. Catherine Rollot, « Un décret pour bloquer les loyers à la relocation », *Le Monde*, 5 juin 2012.

La forte densité de population et la rareté structurelle de l'offre seront toujours un soutien aux prix immobiliers

C'était l'argument principal avancé pour rassurer le marché de l'immobilier japonais vers la fin des années 1980. On sait ce qu'il est advenu sur ce marché : 20 ans plus tard, les prix sont toujours à – 65 % de leur niveau le plus haut en 1990.

Le prix des logements, corrigé à la fois de l'évolution du revenu et des conditions de crédit, est actuellement au plus bas depuis 1965

Sans être au plus bas, l'indice du prix des logements, corrigé de la capacité d'emprunt, ne montre pas, il est vrai, de signe évident de surchauffe. Cependant, cela suppose que les conditions actuelles de crédit soient normales, or elles sont extrêmement favorables et ne peuvent pas être durables. Si la durée de prêt diminue de cinq ans et que les taux augmentent de 100 points de base (1 %), on surpasse immédiatement les deux derniers pics de capacité d'emprunt. Le risque est alors de s'exposer à une forte correction comme celle que l'on a connue après 1990, année de pic du ratio prix/capacité d'emprunt.

Conclusion

Choisir l'avenir

Le constat sur le secteur de l'immobilier est sans ambiguïté :
- la France est bien frappée par une bulle immobilière ;
- les choix politiques réalisés depuis 30 ans, mais aussi le comportement des banques, ont contribué à son gonflement ;
- les pressions baissières sur les prix seront fortes mais s'étaleront sur plusieurs années, sans rupture brutale comme en Espagne ou aux États-Unis (sauf à envisager une remontée brutale des taux d'intérêt) ;
- cette bombe à retardement immobilière pourrait faire des dégâts importants sur l'économie française…

… la désamorcer doit donc devenir l'objectif prioritaire des gouvernements actuel et à venir. Cela ne pourra passer que par l'orchestration d'une baisse progressive des prix, qui permettra à terme de :
- sevrer l'État et les collectivités de leur addiction aux recettes fiscales en provenance du secteur ;
- redonner du pouvoir d'achat aux ménages (les mensualités tout comme les loyers baisseront en même temps que les prix de l'immobilier) – les gains réalisés seront dépensés dans des biens et services qui généreront plus de croissance et plus d'emplois ;

- recréer une dynamique de transfert intergénérationnel du patrimoine des seniors vers les primo-accédants, qui pourront à nouveau devenir propriétaires à un prix raisonnable ;
- permettre aux entreprises de mieux respirer : soit directement, avec la modération des baux commerciaux (en particulier pour les commerçants), soit en redirigeant le cash-flow vers des investissements productifs seuls capables de générer de la croissance sur le long terme ;
- d'un point de vue social, rendre plus accessible les biens proches de leur emploi pour les personnes appartenant aux classes moyennes et inférieures, et enrayer le phénomène de ghettoïsation de la France ;
- inciter les banques à être plus exigeantes en termes d'apport de fonds propres pour l'octroi des nouveaux crédits.

Comment procéder pour orchestrer la baisse des prix sans briser la « machine » France, déjà bien fragile ? Les solutions envisageables sont les suivantes :
- supprimer toutes les niches fiscales en faveur de l'immobilier d'habitation (quitte à créer d'autres incitations plus spécifiques) ;
- augmenter la progressivité des droits de transmission en relation avec le prix du bien ;
- libérer l'offre de logements en desserrant les contraintes administratives à la construction. Cela passe dans les zones tendues par le relâchement des contraintes imposées aux nouvelles constructions dans les plans locaux d'urbanisme (PLU)[1] et par le relèvement des coeffi-

---
1. Alain Trannoy et Étienne Wasmer, Les notes du conseil d'analyse économique, n° 2, février 2013.

cients d'occupation des sols (COS) dans ces mêmes zones. Cela implique également le dézonage de la délivrance des permis de construire (des mairies vers les intercommunalités ou les départements) pour éviter les comportements opportunistes à l'échelle locale (par exemple : les maires soucieux de plaire à leurs administrés). Reste que ces mesures ne permettront pas de faire l'économie d'une politique volontaire d'aménagement du territoire visant à réduire le différentiel d'attractivité entre des zones urbaines déjà engorgées et des espaces ruraux en voie de désertification[1] ;

- mieux taxer les revenus du patrimoine foncier : c'est par l'imposition du patrimoine immobilier que des transferts fiscaux des seniors vers les actifs peuvent le plus directement s'opérer. Une hausse de la fiscalité du patrimoine foncier (taxe foncière et ISF) se ferait plus lourdement sentir chez les ménages âgés. La « sensibilité » à ces impôts est de quatre à dix fois plus importante chez les plus de 60 ans que chez les moins de 39 ans[2].

En France comme dans la plupart des pays de l'OCDE, la fiscalité favorise inefficacement l'investissement immobilier, notamment dans la résidence principale, créant une incitation à des comportements économiques non optimaux de la part des ménages.

Une réforme de la fiscalité du logement, visant le même objectif de neutralité entre les différents placements, pourrait passer par l'imposition des plus-values sur la résidence principale au-delà d'un certain seuil selon les

---

1. Mickaël Mangot, *op. cit.*, p. 107.
2. *Ibid.*, p. 112.

départements (par exemple 700 000 euros à Paris pour ne pas défavoriser les classes moyennes). Pour éviter que la taxation ne décourage la mobilité des ménages en période de hausse des prix, il convient d'y associer un différé de paiement lorsque les plus-values de la vente sont réinvesties dans une nouvelle résidence principale, comme c'est le cas au Portugal, en Espagne et en Suède. De même, pour éviter qu'un tel dispositif n'incite à un surinvestissement immobilier, il faudrait que l'impôt sur les plus-values soit dû au moment du décès, comme c'est le cas au Canada.

Il n'y aura toutefois pas de recette miracle pour sortir de l'impasse dans laquelle notre pays s'est engagé. Pour y parvenir, les gouvernements devront surtout tirer les leçons du passé et garder toujours à l'esprit qu'il est contre-productif et même *dangereux d'avoir comme objectif de politique générale d'augmenter le taux de propriété*.

Mais ils devront surtout créer les meilleures conditions possibles pour permettre aux agents privés (ménages et entreprises) de produire en menant une politique plus favorable à l'offre (ce qui implique de mettre en place des outils et une fiscalité privilégiant l'industriel au détriment du rentier) tout en assurant une cohésion sociale et territoriale minimale sans laquelle les risques de dislocation finiront par générer une rupture dans le pays.

ANNEXE

Différenciation des prix de l'immobilier selon les départements : les facteurs les plus significatifs

Les professionnels de l'immobilier réfutent l'existence d'une bulle dans l'immobilier résidentiel, au motif que sur ce marché, l'offre reste structurellement inférieure à la demande. Ce qui n'est pourtant pas le cas comme nous l'avons démontré dans les chapitres précédents. Pour infirmer cette thèse d'un déficit d'offre alimentant la hausse des prix, nous avons tenté d'identifier statistiquement les différents facteurs qui ont le plus impacté l'évolution des prix de l'immobilier sur une longue période. Nous avons retenu la période allant de 1998 à 2010, qui correspond au dernier cycle de hausse de l'immobilier, interrompu ponctuellement par la crise financière des subprimes en 2007. Pour cela, nous avons effectué une étude de corrélation entre l'évolution des prix de l'immobilier et les différents facteurs en ne retenant que ceux qui sont les plus significatifs statistiquement (coefficients de corrélation suffisamment élevés). Le découpage géographique retenu pour notre analyse est le département. Nous avons éliminé de notre étude de corrélation Paris et les Hauts-de-Seine. Pris en compte, ces deux départements au comportement atypique fausseraient en partie nos résultats.

Même si la hausse des prix des logements s'est généralisée à l'ensemble du territoire, son ampleur est très variable d'un département à l'autre. La hausse (entre 1998 et 2010) s'échelonne entre « seulement » 83 % pour le Territoire de Belfort et 181 % pour les Bouches-du-Rhône. Ces écarts de performance, particulièrement importants, montrent clairement que des facteurs fondamentaux fortement différenciants ont agi sur la bulle immobilière d'un département à l'autre.

CROISSANCE DU CRÉDIT

La financiarisation de l'immobilier est le facteur qui a le plus contribué à l'envolée des prix de l'immobilier. Notre analyse porte sur une période beaucoup plus longue (1993-2010) qui prend en compte une partie du cycle de baisse des années 1990. Nous avons calculé la corrélation entre le niveau des prix et le stock de prêts immobiliers distribués aux ménages. À 97,2 %, le coefficient de corrélation est le plus élevé de tous les facteurs étudiés précédemment, démontrant clairement que c'est bien la distribution de crédits immobiliers qui conditionne le niveau des prix. Nous avons aussi analysé la variation du stock de crédit exprimé en pourcentage avec la variation des prix. Nous obtenons un coefficient de corrélation, là aussi très élevé, à 82,5 %. La dernière corrélation étudiée est la variation du stock en valeur avec le niveau des prix : à 89,5 %, nous obtenons là encore un coefficient très élevé.

REVENU DISPONIBLE DES MÉNAGES LES PLUS RICHES

L'un des facteurs qui explique le mieux le niveau des prix de l'immobilier est le niveau de revenu des ménages. Pour affiner notre étude, nous avons découpé par département le revenu disponible des ménages par décile. *Sans surprise, les départements où les prix sont les plus élevés sont ceux où le revenu disponible des ménages du dernier décile est le plus élevé*. Le coefficient de corrélation entre le niveau des prix et le revenu disponible des ménages du dernier décile est très élevé, à 72 %. Ce sont bien les ménages les plus riches, donc les plus solvables, qui ont alimenté la bulle immobilière. Il est incontestable qu'il existe un déficit de logements pour les ménages les plus pauvres qui ont de plus en plus de mal à se loger. Mais ceux-ci étant difficilement solvables pour l'achat d'un bien immobilier, leur espoir de se loger réside dans le développement de l'habitat social. Les professionnels de l'immobilier confondent le plus souvent déficit d'offre et solvabilité des ménages. Parmi les populations les plus aisées, il n'y a pas de déficit d'offre de logements. La seule limite à leur investissement immobilier est le niveau des prix rapporté au niveau de leurs revenus disponibles et, en second lieu, l'accès au crédit.

Parmi les régions où le revenu des ménages est le plus élevé, on trouve Paris (en tête de la hausse des prix), suivi par les Hauts-de-Seine, les Yvelines, la Haute-Savoie, l'Essonne et le Val-de-Marne. En queue de liste, on trouve la Creuse, la Nièvre, l'Indre, l'Aude et l'Allier. Le prix moyen des appartements est de 1 090 euros le mètre carré pour ces cinq départements les plus défavorisés. Hors Paris, le prix moyen des appartements est de 3 860 euros le mètre carré pour les cinq départements les plus riches (en termes de revenu disponible). L'écart de prix est considérable entre ces deux zones (3,8 fois).

La variation du prix moyen des appartements sur la période est de 140 % pour les cinq départements les plus défavorisés. Hors Paris, la hausse du prix moyen des appartements est de 131 % pour les cinq départements parmi les plus riches. Au final, la variation de prix est pratiquement similaire entre ces deux zones pourtant très différentes l'une de l'autre, et valide clairement notre thèse d'une bulle spéculative répartie sur l'ensemble du territoire, les écarts de variations de prix entre les différents départements étant relativement faibles.

PYRAMIDE DES ÂGES ET ÉVOLUTION DE LA POPULATION

Pour conforter notre analyse sur l'influence de la structure de la population sur les prix de l'immobilier, nous avons calculé le coefficient de corrélation entre le poids des différentes tranches d'âge de l'ensemble de la population des départements et le niveau de prix de l'immobilier de ces départements. Le coefficient de corrélation est le plus élevé avec 55 % pour la tranche d'âge des 20-40 ans, c'est-à-dire les primo-accédants, ceux qui font la hausse des prix sur une très longue période. Inversement, le poids des plus de 60 ans, ceux qui sont globalement vendeurs nets, entraîne bien la baisse des prix de l'immobilier avec un coefficient de corrélation négatif de 48 %.

La variation de la population a bien entendu une incidence sur le niveau des prix de l'immobilier. Le coefficient de corrélation est positif de 57 %.

LOGEMENTS VACANTS

Le niveau de logements vacants est aussi un facteur très discriminant concernant l'évolution des prix de l'immobilier. Le coefficient de corrélation s'établit à un niveau particulièrement élevé pour l'ensemble des départements avec − 73 %. Plus le niveau de vacance est élevé, plus le niveau des prix est faible. Cette équation n'est cependant pas valable pour Paris intra-muros. Au contraire, nous constatons un lien positif entre le taux de vacance et le niveau des prix de l'immobilier par arrondissement. Le coefficient de corrélation est positif de 48 %, ce qui peut surprendre *a priori*. Cela confirme la spéculation particulièrement active à Paris où tout raisonnement économique est écarté. Certains propriétaires préfèrent même ne pas louer leur bien et le laisser vacant. Ici, un taux de vacance élevé est synonyme de raréfaction des biens, donc de prix élevé.

TAUX D'URBANISATION ET TAUX DE PROPRIÉTÉ

Le taux d'urbanisation explique bien aussi le niveau des prix de l'immobilier. Le coefficient de corrélation est relativement élevé, à 59 %. Dans les zones à forte densité de population, le foncier disponible est en effet plus rare. Et de manière générale (hors Paris), une large part de la hausse des prix est liée à la rareté du foncier plutôt qu'à celle des coûts de la construction.

La rareté du foncier peut s'expliquer par deux facteurs importants. Le premier tient à la tendance qu'ont les activités et les ménages à se regrouper. Ils cherchent ainsi à bénéficier des externalités positives d'agglomération, du moins jusqu'à ce que les effets négatifs de la congestion les annulent. La densité de la construction augmente le prix de l'immobilier et les économies d'échelle ne jouent plus. Plus on construit de mètres carrés sur un terrain, plus le mètre carré devient coûteux. Entre une maison de 100 mètres carrés et un immeuble collectif, le prix de construction du mètre carré varie du simple au double, de 1 000 à 2 000 euros[1]. (Le coût de la construction au mètre carré est plus élevé pour les logements collectifs qu'individuels.)

Le second facteur tient aux règles souvent restrictives et contraignantes relatives à l'utilisation des sols. Les études empiriques montrent que les règles d'urbanisme où les délais d'attribution de permis de construire sont importants jouent un rôle fondamental dans le rationnement du foncier et, au bout du compte, sur le niveau des prix de l'immobilier dans ces zones à fort taux d'urbanisation. Au final, cela pénalise fortement les ménages les moins favorisés, notamment pour la construction de logements sociaux. Une libération du foncier dans les zones à fort taux d'urbanisation pourrait entraîner une baisse des prix de l'immobilier[2].

Les départements où le prix des logements a le plus augmenté sont ceux où la proportion de ménages propriétaires de leur logement a le moins progressé. Ce sont globalement les départements où le taux de propriété était déjà très élevé, confirmant notre thèse d'un marché spéculatif alimenté par les secundo-accédants. En effet, ceux-ci disposent d'un capital suffisamment important lors de la revente de leur bien qui les autorise à acheter un logement plus cher avec une surface plus grande, générant une bulle spéculative. De plus, lorsque le taux de propriété augmente fortement, cela signifie que le

---

1. Isabelle Rey-Lefebvre, *Le Monde*, 31 octobre 2011, p. 14.
2. Centre d'analyse stratégique, Note n° 221, avril 2011, p. 10.

marché est alimenté par les primo-accédants, dont le pouvoir d'achat est plus faible, et qui réalisent leur acquisition là où les prix sont les plus attractifs.

Variation du taux de chômage

Dans ces temps particulièrement difficiles, l'évolution du taux de chômage pourrait pénaliser l'évolution future des prix de l'immobilier. De 2007 à 2011, le taux de chômage est passé de 7,5 % à 10 %. La crise financière venue des États-Unis a fortement affecté l'emploi et, compte tenu des contraintes financières de la France avec un retour à l'équilibre budgétaire en 2019, il a fort peu de chances de refluer avant longtemps. Le coefficient de corrélation entre la variation du taux de chômage et la variation des prix de l'immobilier est là aussi très élevé, à − 60,7 %.

Élasticité des prix de l'immobilier à la construction de logements

Nous avons retenu comme variable l'évolution du prix des logements rapportée à la variation du prix des revenus disponibles des ménages (pour neutraliser l'effet de l'inflation salariale sur les prix immobiliers) et comme variable explicative, la variation de la construction rapportée à l'évolution de la population (pour neutraliser l'effet de la croissance démographique sur la construction de logements). Le coefficient de corrélation est de − 64,4 %. On obtient une élasticité du prix des logements par rapport au nombre de logements construits (à population et revenu constant) de l'ordre de − 1 pour l'ensemble du territoire[1]. Ce qui veut dire qu'une hausse de 1 à 2 % du

---

1. J. Friggit, « Différenciation de la variation des prix des logements selon le département », CGEDD, août 2011.

nombre de logements construits devrait entraîner une baisse des prix de l'immobilier de seulement 1 %. En moyenne, ces dernières années, la construction de logements nouveaux s'est établie autour de 300 000 (400 000 en 2011), soit à peine 1 % du parc de logement actuel, une goutte d'eau dans l'immensité de l'habitat, et sans commune mesure avec la hausse de 190 % des prix des logements.

En Île-de-France, on obtient une élasticité des prix beaucoup plus forte, à − 3. Cela démontre le caractère spéculatif de la hausse des prix dans le bassin parisien. Une hausse de 1 % du nombre de logements construits en Île-de-France entraîne une baisse des prix de l'immobilier de seulement 3 %. La surchauffe engendre des écarts à la hausse comme à la baisse des prix de l'immobilier beaucoup plus importants que l'évolution du nombre de logements construits.

Conclusion sur l'étude de corrélations

Les trois facteurs qui expliquent le mieux l'évolution des prix de l'immobilier sont la croissance du crédit, le revenu disponible des ménages les plus riches et le taux de vacance (hors Paris intra-muros). Notre étude statistique corrobore largement l'analyse fondamentale développée ci-dessus et confirme notre thèse selon laquelle la bulle immobilière que nous subissons devrait se dégonfler progressivement sans rupture majeure, sauf à imaginer une remontée brutale des taux d'intérêt. Ce qui n'est pas notre scénario central.

www.ingramcontent.com/pod-product-compliance
Lightning Source LLC
Chambersburg PA
CBHW071718090426
42738CB00009B/1806